Le grand livre - de - L'EXTRACTEUR DE JUS

Le grand livre - de - L'EXTRACTEUR DE JUS

300 RECETTES
pour faire le plein de vitamines

LAROUSSE

200

SOMMAIRE

Jus de PRINTEMPS

eau
rose

JUS DE POMMES, *fraises et rhubarbe*

Préparation 00:05
Pour 1 grand verre

2 branches de rhubarbe • 2 pommes
50 g de fraises

Coupez la rhubarbe en petits tronçons et les pommes en quartiers.
Lavez et équeutez les fraises.
Passez le tout à l'extracteur de jus en les alternant.

La rhubarbe étant très fibreuse, mieux vaut privilégier les petits morceaux.

JUS PRINTANIER *de petit pois, fenouil et menthe*

Préparation 00:05
Pour 1 grand verre

3 gousses de petits pois • 1/2 bulbe de fenouil
1 pomme • 3 feuilles de menthe

Écossez les petits pois, coupez le fenouil et la pomme en morceaux.
Passez-les à l'extracteur de jus avec les feuilles de menthe. Terminez par les cosses de petits pois.

Le fenouil offre une belle concentration de vitamines A, B et C, de sels minéraux (dont du potassium et du magnésium) et d'oligo-éléments (fer, zinc).

SMOOTHIE *nuit paisible*

Préparation 00:05
Pour 1 grand verre

4 grosses feuilles de laitue • 1 betterave
1 pomme Golden • 1 yaourt nature

Lavez les feuilles de laitue.
Coupez la betterave en morceaux.
Lavez la pomme et coupez-la en quartiers.
Passez les fruits et légumes à l'extracteur de jus.
Versez le jus obtenu dans un mixeur avec le yaourt, et mixez.

C'est dans le latex blanc des grosses nervures de ses feuilles que se cache la fameuse substance sédative de la laitue, le lactucarium. Ajoutez des feuilles de laitue dans vos créations de jus si vous avez besoin de vous relaxer ou si vous souffrez d'insomnie. Pensez à l'associer à du jus de betterave : les glucides contenus dans ce jus provoquent une sécrétion de sérotonine qui favorise l'endormissement.

JUS DE LAITUE, *carotte, orange et céleri*

Préparation 00:05
Pour 1 grand verre

1 carotte • 1 branche de céleri
1 orange • 1 tête de laitue

Coupez la carotte et le céleri en tronçons, puis épluchez l'orange.
Passez tous les fruits et légumes à l'extracteur de jus en les alternant.

Pour un cocktail aux couleurs éclatantes, n'hésitez pas à utiliser une orange sanguine.

JUS DE FANES
de radis

Préparation 00:05
Pour 1 grand verre

1 botte de fanes de radis • 1 pomme
1 carotte • 1/2 citron

Lavez bien les fanes de radis, puis passez-les à l'essoreuse à salade.
Coupez la pomme et la carotte en morceaux.
Passez les fanes à l'extracteur de jus en alternant avec la pomme, la carotte et le citron (non épluché).

Remplacez la carotte par un quart de concombre, qui se marie également très bien aux fanes de radis.

JUS DE BLETTES,
fenouil, carottes et mandarines

Préparation 00:15
Pour 50 cl

200 g de tiges et de feuilles de blettes
1 bulbe de fenouil • 4 carottes
2 mandarines

Rincez les légumes. Coupez le fenouil et les carottes en morceaux. Pelez les mandarines et coupez-les en quatre.
Placez le tout dans l'extracteur, puis extrayez le jus des végétaux. Dégustez aussitôt.

Grâce aux composés des blettes et au bêtacarotène de la carotte, ce jus sera un très bon allié antioxydant. Ainsi, il contribuera amplement à protéger vos cellules contre les méfaits des radicaux libres.

JUS DE BANANE
et kiwis

Préparation 00:05
Pour 1 grand verre

1 banane • 2 kiwis • 10 cl d'eau

Installez le tamis à gros trous sur l'extracteur de jus.
Épluchez la banane et les kiwis, puis coupez-les en morceaux.
Commencez par passer la banane, puis les kiwis à l'extracteur de jus.
Ajoutez ensuite l'eau.

Si le jus vous semble trop épais, n'hésitez pas à rajouter un peu d'eau fraîche ou quelques glaçons.

JUS VERT DE LAITUE
et brocoli

Préparation 00:05
Pour 1 grand verre

1 poignée de feuilles de laitue • 50 g de brocoli
1/2 citron vert • 1 pomme granny smith

Lavez les feuilles de laitue et coupez le brocoli en fleurettes.
Épluchez le citron vert et coupez-le avec la pomme en morceaux.
Passez le tout à l'extracteur de jus pour obtenir un délicieux jus vert.

Le brocoli est une excellente source de vitamines C, K et B9, apporte de nombreux minéraux et oligo-éléments, ainsi que des composés soufrés, aux effets protecteurs contre certains cancers.

JUS DE CONCOMBRE
et radis roses

Préparation 00:05
Pour 1 grand verre

1 concombre • 1/4 de bulbe de fenouil
5 radis • 1/4 de citron

Coupez le concombre et le fenouil en morceaux.
Passez-les à l'extracteur de jus en alternant avec les radis et le citron (non épluché).

Vous pouvez remplacer le fenouil par une branche de céleri, qui apportera une agréable saveur salée.

NECTAR D'AVOCAT
et kiwi

Préparation 00:05
Pour 1 grand verre

1 avocat • 1 kiwi
10 cl de lait d'amande *(voir p. 172)*

Installez le tamis à gros trous sur l'extracteur de jus.
Épluchez l'avocat et le kiwi, puis passez-les à l'extracteur de jus.
Terminez par le lait d'amande.

On trouve aujourd'hui des avocats surgelés, très pratiques pour avoir toujours des avocats mûrs à point !

BABY JUICE

Préparation 00:05
Pour 1 grand verre

1 banane • 1 orange
4 grosses feuilles vertes de laitue

Épluchez la banane et l'orange.
Rincez les feuilles de laitue.
Passez le tout à l'extracteur de jus.
Complétez d'eau de source si le jus est trop épais.

C'est dans les feuilles vertes qu'on trouve le plus de chlorophylle et de nutriments essentiels, idéaux à consommer lors de la grossesse.

POUR EN BOIRE DE TOUTES LES COULEURS !

Voici une façon simple de rester en bonne santé en se faisant plaisir. Telle la palette d'un peintre, variez les couleurs de jus et apportez par petites touches du bien-être à votre corps.

1

BUVEZ DU ROUGE CONTRE LES INFECTIONS

Tout fruit ou légume rouge contient du lycopène, des anthocyanes et bon nombre de vitamines qui contribuent à se prémunir contre les infections. Le lycopène interviendrait aussi dans la réduction des cancers de la prostate.

Tomate, radis, grenade, cranberry, betterave, rhubarbe...

JUS DE POMME, FRAISE ET RHUBARBE, PAGE 8
SMOOTHIE VEGAN, PAGE 62
JUS DE CAROTTE, POMME ET BETTERAVE, PAGE 108

2

BUVEZ DU JAUNE ET DE L'ORANGE POUR L'IMMUNITÉ

Faites le plein de provitamine A (ou bêta-carotène), de flavonoïdes et de vitamine C pour renforcer vos défenses immunitaires. La provitamine A se transforme, dans l'organisme, en vitamine A.

Papaye mûre, orange, citron, mangue, patate douce, poivron jaune ou orange, potiron...

JUS DE PATATE DOUCE, POIRE AUX 4-ÉPICES, PAGE 149
JUS DE PAPAYE, CAROTTE ET ORANGE, PAGE 162
JUS REVITALISANT ORANGE, CAROTTE ET BETTERAVE, PAGE 175

3

BUVEZ DU VERT POUR LES YEUX

Les fruits et légumes verts sont bénéfiques pour la santé des yeux grâce, entre autres, à la lutéine qu'ils contiennent. Consommez-en au minimum une petite portion chaque jour.

Pomme verte, épinard, concombre, brocoli, artichaut, kiwi...

KIWI FIZZ, PAGE 171
COCKTAIL DE POMME, KIWI ET ÉPINARDS, PAGE 28
CIDRE DE GRANNY SMITH ET LAITUE, PAGE 133

4

BUVEZ DU BLANC ET DU BRUN POUR LE CŒUR

Vous y trouverez des polyphénols et des composés sulfurés à foison, qui contribuent notamment à prévenir les maladies cardiaques.

Litchi, endive, oignon, ail, blette (côtes)...

NECTAR DE BANANES ET NOISETTE, PAGE 111
COCKTAIL D'ENDIVE, POMME ET CAROTTE, PAGE 149
COCKTAIL LITCHI, ANETH AU CHAMPAGNE, PAGE 172

5

BUVEZ DU BLEU ET DU VIOLET POUR RESTER JEUNE

Les fruits et les légumes bleus ou violets contiennent des anthocyanes et des composés phénoliques qui contribuent à ralentir le vieillissement des cellules, à prévenir certains cancers et maladies cardiaques.

Endive mauve, raisin noir, cassis, myrtille, mûre, aubergine, figue...

JUS ROUGE AU BASILIC, PAGE 55
JUS DE RADIS, CHOU ROUGE ET POMMES, PAGE 38
JUS MI-FIGUE MI-RAISIN, PAGE 97

JUS D'ASPERGES, concombre et carotte

Préparation 00:05
Pour 1 grand verre

1/2 concombre • 1 carotte
6 asperges

Coupez le concombre et la carotte en tronçons. Passez-les à l'extracteur de jus en alternant avec les asperges entières.

Choisissez des asperges bien droites, lisses et fermes, avec un bourgeon aux écailles serrées. Optez de préférence pour des asperges fines, plus tendres et délicates.

JUS DE POMMES et radis noir

Préparation 00:05
Pour 1 grand verre

1/2 radis noir • 2 pommes
1 carotte

Épluchez le radis noir et coupez-le en morceaux. Coupez les pommes en quartiers et la carotte en tronçons.
Passez le tout à l'extracteur de jus.

Bien connu pour ses propriétés antibactériennes, le radis noir a des effets bénéfiques sur le système digestif et s'avère un excellent antifatigue grâce à sa bonne teneur en vitamine C.

JUS DE FRAMBOISES, banane, lait d'amande et graines de chia

Préparation 00:05
Pour 1 grand verre

1/2 banane • 1 orange • 60 g de framboises
10 cl de lait d'amande • 2 c. à café de graines de chia

Épluchez la banane et l'orange, coupez-les en morceaux.
Passez les fruits à l'extracteur de jus en les alternant, terminez par le lait d'amande.
Ajoutez dans le verre les graines de chia et laissez reposer 5 minutes avant de déguster.

Riche en fibres, acides aminés, oméga-3 et minéraux, les graines de chia appartiennent à la catégorie des super aliments. Pour bénéficier de leur action coupe-faim, consommez-les trempées quelques minutes dans un liquide afin que leur mucilage se développe.

JUS DE POMMES, PERSIL, orange et chlorelle

Préparation 00:15
Pour 50 cl

6 pommes à jus • 1 gros bouquet de persil frais
1 orange • 1 à 3 g de chlorelle en poudre

Lavez les pommes et le persil, puis coupez les pommes en quatre. Pelez l'orange.
Placez ces ingrédients dans l'extracteur pour en extraire le jus.
Versez le jus obtenu dans une bouteille hermétique, ajoutez la chlorelle, puis secouez énergiquement pour obtenir un jus bien homogène. Filtrez à l'aide d'une fine étamine si besoin. Dégustez aussitôt.

Voici encore un « super jus » détox, notamment grâce aux propriétés dépuratives et chélatrices de métaux lourds de la chlorelle, une micro-algue d'eau douce fort réputée en diététique.

JUS << BONNE MINE >>
concombre, carotte, laitue, épinards et persil

Préparation 00:05
Pour 1 grand verre

1/2 concombre • 1 carotte • 1 poignée de laitue
1 poignée d'épinards frais • 3 brins de persil
1 pincée de curcuma

Lavez tous les légumes ainsi que le persil. Essorez les herbes, la laitue et les pousses d'épinards.
Coupez le concombre et la carotte en morceaux.
Passez les ingrédients à l'extracteur de jus, assaisonnez de curcuma.

Un jus particulièrement riche en bêtacarotène, excellent pour la peau et le teint.

JUS DE FANES
de carottes

Préparation 00:05
Pour 1 grand verre

1 poignée de fanes de carottes
2 carottes • 1 cm de gingembre frais
1/4 de citron

Lavez bien les fanes de carottes.
Coupez les carottes en tronçons et pelez le gingembre.
Passez le tout à l'extracteur de jus avec le citron (non épluché).

Vous pouvez remplacer une carotte par une orange à jus, qui apportera une délicate note douce et sucrée.

JUS DE ROQUETTE,
petits pois et céleri

Préparation 00:05
Pour 1 grand verre

1 courgette • 1/2 branche de céleri
2 poignées de roquette • 50 g de petits pois frais écossés

Coupez la courgette en morceaux et le céleri en tronçons.
Passez les légumes à l'extracteur de jus en les alternant.

Utilisez la pulpe de cette recette pour réaliser une quiche sans pâte (recette p. 180).

JUS DE LÉGUMES-
racines

Préparation 00:05
Pour 1 grand verre

1/2 betterave crue • 1/2 radis noir
1 citron • 1/2 bulbe de fenouil • 1 pomme

Épluchez la betterave, le radis noir et le citron.
Coupez-les en morceaux ainsi que le fenouil et la pomme.
Passez le tout à l'extracteur de jus.

Relativement énergétique (environ 40 kcal aux 100 g), la betterave renferme des vitamines B et C et de nombreux flavonoïdes, antioxydants responsables de sa jolie couleur rouge.

JUS DÉTOX, RADIS,
chou rouge et céleri

Préparation 00:05
Pour 1 grand verre

100 g de radis • 100 g de chou rouge
1/2 branche de céleri

Rincez les radis et les feuilles de chou rouge. Coupez les feuilles en morceaux et le céleri en tronçons.
Passez les ingrédients à l'extracteur de jus en les alternant.

Le radis est recommandé pour détoxifier les reins et dissoudre les calculs biliaires. Il est aussi riche en antioxydants et en vitamine C. Le chou rouge contient de la vitamine K qui fluidifie le sang et améliore la texture de la peau, il agit également sur le système respiratoire.

JUS DE FRUITS ROUGES
et épinards

Préparation 00:05
Pour 1 grand verre

5 fraises • 1 poignée de cerises
50 g de groseilles • 50 g d'épinards frais
5 cl d'eau

Lavez et équeutez les fraises, dénoyautez les cerises, égrainez les groseilles.
Lavez bien les épinards.
Passez le tout à l'extracteur de jus en les alternant. Terminez par l'eau.

Pour éviter que les fraises ne se gorgent d'eau, rincez-les avant de les équeuter.

NECTAR
de fruits rouges

Préparation 00:05
Pour 1 grand verre

50 g de fraises • 30 g de groseilles
50 g de framboises

Installez le tamis à gros trous sur l'extracteur de jus.
Lavez les fraises et équeutez-les.
Égrainez les groseilles.
Passez le tout à l'extracteur de jus avec les framboises.

Si votre nectar vous semble trop épais, n'hésitez pas à ajouter un peu d'eau fraîche.

JUS MINCEUR

Préparation 00:05
Pour 1 grand verre

2 carottes • 1 citron vert
1 citron bergamote

Lavez et coupez les carottes en tronçons.
Épluchez les citrons.
Passez le tout à l'extracteur de jus.

Riche en vitamines C, B9, provitamine A (ou bêtacarotène), potassium, calcium, flavonoïdes, acide citrique et pectine, le citron est un stimulant digestif. Vert ou jaune, il favorise le transit et tient lieu de coupe-faim naturel. Sa forte teneur en acide citrique et en vitamine C nettoie le foie, les reins et permet un rééquilibrage de notre métabolisme. Il contribue aussi à stabiliser le taux de sucre dans le sang, évitant le stockage de sucre sous la forme de graisses. En plus d'être amincissant, ce jus vous protégera des rhumes et refroidissements.

NECTAR D'AVOCAT, concombre et coriandre

Préparation 00:05
Pour 1 grand verre

1 avocat • 1/2 citron vert • 1 concombre
quelques brins de coriandre
10 cl d'eau • sel et poivre

Installez le tamis à gros trous sur l'extracteur de jus.
Épluchez l'avocat et ôtez le noyau, puis épluchez le citron vert.
Passez l'avocat à l'extracteur de jus, puis le concombre, le citron vert et la coriandre.
Versez l'eau, salez et poivrez.

Si le jus obtenu est trop pulpeux, n'hésitez pas à le filtrer.

JUS D'HERBE

Préparation 00:03
Pour 1 verre

50 g d'herbe de blé

Passez l'herbe de blé à l'extracteur de jus.

Pour obtenir un jus idéal, le mieux est de faire vous-même pousser votre herbe de blé dans un germoir (elle atteint sa maturité en 10 jours environ).

JUS D'ABRICOTS et passion

Préparation 00:05
Pour 1 grand verre

1 fruit de la Passion • 4 abricots

Coupez le fruit de la Passion en deux et récupérez-en la pulpe à l'aide d'une cuillère. Coupez les abricots en deux et ôtez le noyau. Passez la pulpe à l'extracteur de jus en alternant avec les abricots.

Si vous craignez l'acidité de l'abricot et du fruit de la Passion, n'hésitez pas à ajouter 1 c. à café de miel.

JUS DE PERSIL

Préparation 00:03
Pour 1 verre

1 petit bouquet de persil

Passez le persil à l'extracteur de jus.

Vous obtenez ainsi un jus très fort en goût, riche en vitamine C, en potassium et en fer. N'en buvez surtout pas un verre entier ! Consommez-le plutôt à raison de 1 ou 2 c. à soupe avant chaque repas.

JUS DE CONCOMBRE, *laitue, pommes et radis noir*

Préparation 00:05
Pour 1 grand verre

1 concombre • 2 pommes • 1/4 de radis noir
1 poignée de feuilles de laitue

Coupez le concombre et les pommes en morceaux.
Épluchez le radis noir et lavez les feuilles de laitue.
Passez le tout à l'extracteur de jus en les alternant.

Vous pouvez remplacer la laitue par la même quantité de pousses d'épinards.

JUS DE FRAISES *au thé matcha*

Préparation 00:05
Pour 1 grand verre

150 g de fraises • 1 orange
1/2 c. à café de thé matcha en poudre

Lavez et équeutez les fraises.
Épluchez l'orange.
Passez le tout à l'extracteur de jus.
Mélangez le thé matcha en poudre au jus obtenu.

La fraise est l'un des fruits les plus riches en vitamine C. Une seule portion de 150 g suffit à couvrir l'apport journalier recommandé.

SODA DE PETITS POIS, *courgette et coriandre*

Préparation 00:05
Pour 1 grand verre

100 g de petits pois • 1 courgette
2 brins de coriandre • 25 cl de Perrier®

Écossez les petits pois, coupez la courgette en morceaux.
Passez-les à l'extracteur de jus avec la coriandre.
Versez le tout dans un verre, mélangez et ajoutez le Perrier®.

Utilisez la pulpe pour réaliser une quiche sans pâte *(recette p. 180)*

JUS DE POIRES, *betterave et bettes*

Préparation 00:05
Pour 1 grand verre

1 betterave • 1 poire • 4 feuilles de bette • 5 cl d'eau

Épluchez la betterave, coupez-la en morceaux ainsi que la poire et les feuilles de bette.
Passez le tout à l'extracteur de jus en alternant les ingrédients, puis ajoutez l'eau.

Riche en potassium et en vitamine B9 (ou acide folique), le jus de poire possède la propriété de réguler le cholestérol sanguin en favorisant le bon cholestérol et en diminuant le mauvais. C'est un jus très fluide, léger et peu sucré.

JUS VERT DE CONCOMBRE, *fenouil et céleri*

Préparation 00:05
Pour 1 grand verre

1/2 concombre • 1/2 bulbe de fenouil
1 branche de céleri • 1 cm de gingembre frais
3 feuilles de menthe

Coupez le concombre, le fenouil et le céleri en morceaux.
Pelez le gingembre.
Passez le tout à l'extracteur de jus en alternant avec les feuilles de menthe.

Principalement composé d'eau, le concombre est très désaltérant et peu calorique. Il renferme des vitamines B et C et de nombreux minéraux, dont du potassium et du phosphore.

JUS D'ÉPINARDS, *orange et curcuma*

Préparation 00:05
Pour 1 grand verre

50 g d'épinards frais • 1 grosse orange (ou 2 petites)
2 cm de curcuma frais • 1/4 de citron

Lavez bien les épinards et épluchez l'orange et le curcuma.
Passez-les à l'extracteur avec le citron (non épluché) en commençant par les épinards.

Épice aux mille vertus, le curcuma est notamment riche en antioxydants qui préviendraient l'apparition de certains cancers.

COCKTAIL DE POMME, *kiwis et épinards*

Préparation 00:05
Pour 1 grand verre

1 pomme • 2 kiwis • 50 g d'épinards frais
5 cl d'eau

Coupez la pomme en quartiers, épluchez les kiwis et lavez bien les épinards.
Passez les épinards à l'extracteur de jus, puis les kiwis et enfin la pomme.
Terminez par l'eau.

Si le mélange est trop épais, n'hésitez pas à ajouter encore un peu d'eau.

JUS D'ÉPINARDS *aux herbes*

Préparation 00:05
Pour 1 grand verre

2 poignées d'épinards frais • 2 brins de basilic
2 brins de coriandre • 2 brins de menthe
1 pomme • 1/2 citron vert

Lavez bien les épinards et les herbes.
Coupez la pomme en morceaux et épluchez le citron vert.
Passez-les à l'extracteur de jus en commençant par les épinards.
Terminez par la pomme.

Ce jus très peu calorique et rafraîchissant est un véritable cocktail de nutriments. Il apporte notamment de la vitamine C et de nombreux antioxydants.

JUS DE CITRONS,
miel et curcuma

Préparation 00:05
Pour 1 grand verre

2 citrons • 1 orange • 2 cm de curcuma frais
1/2 c. à café de miel

Épluchez les citrons, l'orange et le curcuma.
Passez le tout à l'extracteur de jus en les alternant.
Ajoutez le miel au jus obtenu.
Dégustez bien frais.

Vous aimez les saveurs un peu épicées, remplacez le curcuma par un petit morceau de gingembre frais.

COCKTAIL DE FRUITS
rouges au thé vert

Préparation 00:05
Pour 1 grand verre

1/2 c. à café de thé vert • 15 cl d'eau frémissante
50 g de cerises • 50 g de fraises • 50 g de framboises

Déposez le thé vert dans un bol.
Versez dessus l'eau frémissante et laissez infuser 3 minutes. Filtrez et laissez refroidir.
Dénoyautez les cerises, lavez et équeutez les fraises.
Passez tous les fruits à l'extracteur de jus en terminant par le thé vert refroidi.
Dégustez bien frais.

Si vous n'aimez pas le thé vert, vous pouvez parfaitement le remplacer par un thé noir (type darjeeling) ou blanc.

COCKTAIL
« faites le plein ! »

Préparation 00:05
Pour 1 grand verre

4 feuilles de blette bien vertes
2 à 3 cm de gingembre frais • 3 carottes

Lavez les feuilles de blette et le gingembre.
Lavez les carottes et coupez-les en tronçons.
Passez le tout à l'extracteur de jus.

Dégustez lentement ce cocktail au cours de la matinée. Idéal pour la digestion, le gingembre calme aussi les nausées et active la circulation.

JUS DE CRESSON

Préparation 00:05
Pour 1 grand verre

2 poignées de cresson
1/2 concombre • 1 citron

Lavez le cresson, coupez le concombre en morceaux et épluchez le citron.
Passez le tout à l'extracteur de jus en les alternant.
Dégustez bien frais.

D'un faible apport calorique, le cresson est bourré d'atouts nutritionnels et apporte notamment des vitamines C et B9, ainsi que du potassium.

JUS DE CHOUX-RAVES,
radis roses et mandarines

Préparation 00:15
Pour 50 cl

2 choux-raves • 2 radis roses • 1 pomme à jus
2 mandarines • 10 g de mâche

Lavez les choux-raves, les radis, la pomme et la mâche. Coupez les gros végétaux en morceaux. Pelez les mandarines.
Placez le tout dans l'extracteur pour en extraire le jus. Dégustez aussitôt.

Abusez du chou-rave dans vos jus verts. Ce légume est riche en composés soufrés très utiles pour la détoxification du foie. Il apporte également d'agréables notes douces et acidulées.

JUS DE RADIS ROSES
et betterave

Préparation 00:05
Pour 1 grand verre

4 radis • 1/4 de betterave
1 orange • 2 carottes

Lavez les radis, épluchez la betterave et l'orange.
Coupez-les en morceaux ainsi que les carottes.
Passez le tout à l'extracteur de jus.

Attention, la betterave tache les mains ! Pensez à vous munir de gants lorsque vous la manipulez.

JUS DE TOMATES,
carottes et poivron au raifort

Préparation 00:10
Pour 1 grand verre

2 c. à soupe de jus de citron • 1 c. à café de sel
2 tomates • 2 carottes • 1 poivron rouge • 1/2 c. à café de raifort râpé (ou 1/4 de c. à café de raifort en poudre)

Versez le jus de citron dans une petite soucoupe et le sel dans une autre.
Trempez le bord du verre dans le citron, puis passez-le dans le sel. Coupez les tomates et les carottes, épépinez le poivron.
Passez tous les ingrédients à l'extracteur de jus en les alternant, puis versez dans le verre.
Si vous utilisez du raifort en poudre, ajoutez-le ensuite et mélangez.

Dépuratif et antiseptique, le raifort est très riche en vitamine C.

JUS D'ASPERGES
et de pommes vertes

Préparation 00:05
Pour 1 grand verre

2 pommes • 4 asperges vertes • 1/2 branche de céleri

Coupez la pomme, les asperges et la branche de céleri en morceaux.
Passez les ingrédients à l'extracteur de jus en les alternant.

Utilisé en médecine chinoise, le jus de céleri aide à lutter contre le diabète.

JUS D'ORANGE,
rhubarbe et basilic

Préparation 00:05
Pour 1 grand verre

2 branches de rhubarbe
1 orange • 5 feuilles de basilic

Coupez la rhubarbe en tronçons.
Épluchez l'orange et coupez-la en morceaux.
Passez le tout à l'extracteur de jus en alternant avec le basilic.

La rhubarbe étant un aliment très riche en fibres, il est préférable de la découper en petits morceaux et de la mettre en dernier dans l'extracteur de jus, pour ne pas obstruer l'appareil.

TOP 8 DES JUS DÉTOX !

1

JUS DÉTOX, RADIS, CHOU ROUGE ET CÉLERI

100 g de radis • 100 g de chou rouge
1/2 branche de céleri

Le radis est recommandé pour détoxifier les reins et dissoudre les calculs biliaires. Il est aussi riche en antioxydants et en vitamine C. Le chou rouge contient de la vitamine K qui fluidifie le sang et améliore la texture de la peau, il agit également sur le système respiratoire.

PAGE 20

2

JUS DE BETTERAVE, CONCOMBRE, CÉLERI ET POIRES

300 g de betterave rouge crue • 300 g de concombre
100 g de céleri branche • 350 g de poires
10 g de cresson

Puissamment antioxydant grâce aux pigments de la betterave, ce joli jus violet vous aidera à lutter contre les phénomènes de vieillissement cellulaire. Son effet détox et diurétique est apporté par les composés amers du céleri branche et du concombre.

PAGE 36

3

JUS DE CONCOMBRES, MENTHE ET CITRON

3 gros concombres • 1 petit bouquet de menthe fraîche • 1 citron

Voici un jus « multi-détox » grâce au citron et à la chlorophylle de la menthe. Le concombre lui confère aussi une action diurétique et drainante. Bref, une boisson à boire sans modération en été.

PAGE 84

4

JUS VERT À L'ANANAS

100 g de brocoli • 1 concombre • 50 g d'épinards frais • 1 tranche d'ananas • 1 citron

L'ananas apporte à ce green juice une délicate saveur sucrée qui le rend plus gourmand tout en conservant ses vertus détoxifiantes.

PAGE 80

5

JUS DE CERISES, GINGEMBRE ET VANILLE

20 cerises • 1 cm de gingembre frais • 2 gouttes d'extrait de vanille

Cette recette tonique est détoxifiante, grâce à la cerise, chargée en antioydants et en vitamines C. l'ajout de gingembre, antiviral reconnu, aide à préserver des microbes de saison.

PAGE 80

7

NECTAR DE MANGUE, ANANAS, CITRON VERT AU BASILIC

1/2 mangue • 125 g d'ananas • 1/2 citron vert 3 feuilles de basilic • 1 pincée de piment de Cayenne

Un jus à la fois nourrissant et détoxifiant. Très riche en vitamine C et en manganèse aux effets antioxydant et régulateur de la fonction immunitaire.

PAGE 160

6

JUS DE RAISIN, GINGEMBRE ET VANILLE

600 de g de raisin blanc • 1 morceau de gingembre frais • 1 gousse de vanille

Ce nectar de fin d'été constitue une boisson détox très gourmande. Les propriétés du gingembre sur le bon fonctionnement du système digestif, l'action drainante du raisin fraîchement pressé ainsi que la haute teneur de ce fruit en antioxydants (concentrés dans les pépins) font de ce jus une véritable boisson santé.

PAGE 116

8

JUS DE POMMES, PERSIL, ORANGE ET CHLORELLE

6 pommes à jus • 1 gros bouquet de persil frais 1 orange • 1 à 3 g de chlorelle en poudre

Voici encore un « super jus » détox, notamment grâce aux propriétés dépuratives et chélatrices de métaux lourds de la chlorelle, une micro-algue d'eau douce réputée en diététique.

PAGE 17

BLOODY MARY

Préparation 00:05
Pour 1 grand verre

250 g de tomates • 1 branche de céleri • 6 cl de vodka
2 gouttes de Tabasco® • 2 c. à café de sauce Worcestershire
1 c. à café de jus de citron • 1 pincée de sel
quelques glaçons

Coupez les tomates et le céleri en morceaux, passez-les à l'extracteur de jus en les alternant. Transvasez dans un verre à mélange, ajoutez le reste des ingrédients et les glaçons. Mélangez et versez dans un verre haut type tumbler.

Décorez ce cocktail avec les sommités de la branche de céleri ou une rondelle de citron, posez sur le verre une pique en bois avec quelques olives vertes.

JUS DE BETTERAVE, concombre, céleri et poires

Préparation 00:15
Pour 50 cl

300 g de betterave rouge crue • 300 g de concombre
100 g de céleri branche • 350 g de poires
10 g de cresson

Rincez les végétaux. Coupez les plus gros en morceaux.
Placez le tout dans l'extracteur pour en extraire le jus. Dégustez aussitôt.

Puissamment antioxydant grâce aux pigments de la betterave, ce joli jus violet vous aidera à lutter contre les phénomènes de vieillissement cellulaire. Son effet détox et diurétique est apporté par les composés amers du céleri branche et du concombre.

JUS VERT, CHOU-FLEUR,
chou vert, brocoli et kale

Préparation 00:05
Pour 1 grand verre

1 tige de brocoli • 1/4 de chou-fleur • 2 feuilles de kale • 4 feuilles de chou vert • 1 cm de gingembre frais 1 cm de curcuma frais

Coupez la tige de brocoli et le chou-fleur en morceaux ainsi que les feuilles de kale et de chou vert. Épluchez les racines de gingembre et de curcuma.
Passez tous les ingrédients à l'extracteur de jus.

Les choux appartiennent à la famille des crucifères, ils possèdent une forte teneur en vitamines (vitamine A et C...) et en minéraux (fer, calcium...). Excellents pour les os, ils joueraient un rôle dans la prévention du cancer.

JUS DE CAROTTES,
citron et gingembre

Préparation 00:15
Pour 50 cl

6 grosses carottes • 1/2 citron
1 petit morceau de gingembre frais

Placez le citron et le gingembre dans l'extracteur. Lavez les carottes, puis placez-les aussi dans l'appareil. Pressez le jus de tous les ingrédients, puis dégustez.

Consommé à l'apéritif ou à tout autre moment de la journée, ce jus sera idéal pour faire le plein de bêtacarotène (la pro-vitamine A), pour profiter des vertus anti-inflammatoires et antioxydantes du gingembre, et des effets bénéfiques du citron sur le foie.

MOCKTAIL PÊCHE,
fraises à la fleur d'oranger

Préparation 00:10
Pour 1 grand verre

1/2 citron jaune • 6 g de sucre de canne
5 cl d'eau de fleur d'oranger • 10 fraises
1 pêche • quelques glaçons

Épluchez le citron, passez-le à l'extracteur de jus.
Ajoutez le sucre de canne dans le jus de citron, mélangez jusqu'à ce que le sucre soit dissous et incorporez l'eau de fleur d'oranger.
Équeutez les fraises, dénoyautez la pêche, coupez-la en morceaux.
Passez le tout à l'extracteur de jus, ajoutez le mélange précédent, puis les glaçons.

Pour faire partir les points noirs et retrouver une jolie peau, appliquez du jus de fraises le soir sur le visage. Massez doucement et laissez agir toute la nuit. Le lendemain matin, rincez à l'eau fraîche.

JUS DE CERISES
à l'hibiscus

Préparation 00:10 • Repos : 00:40
Pour 1 grand verre

4 fleurs d'hibiscus déshydratées • 1/2 c. à café de sirop d'agave • 10 cerises • 1 citron vert • 1 orange
quelques glaçons

Disposez les fleurs d'hibiscus dans une tasse, puis versez 10 cl d'eau bouillante, couvrez et faites infuser pendant 10 minutes.
Filtrez, ajoutez le sirop d'agave, mélangez et laissez complètement refroidir.
Dénoyautez les cerises, épluchez le citron vert et l'orange. Passez le tout à l'extracteur de jus en alternant les ingrédients, puis ajoutez l'infusion d'hibiscus et les glaçons.

Un démaquillant douceur : mélangez 1 c. à soupe de jus de cerise avec 1 jaune d'œuf. Passez sur votre visage à l'aide d'un coton, puis rincez à l'eau tiède. Vous pouvez remplacer le jus de cerises par du jus de framboises.

JUS DE RADIS,
chou rouge et pomme

Préparation 00:05
Pour 1 grand verre

100 g de radis • 1/2 chou rouge
1 pomme

Lavez les radis et coupez le chou rouge et la pomme en morceaux.
Passez le tout à l'extracteur de jus.

Riche en fibres, le chou rouge apporte de belles quantités de vitamines C et B9, ainsi que du potassium.

RED MOCKTAIL
à la verveine

Préparation 00:05 • Repos : 00:40
Pour 1 grand verre

*quelques feuilles de verveine • 60 g de fraises
60 g de groseilles • 1/2 citron • 1 c. à soupe de sirop
de sucre de canne • quelques glaçons*

Portez à ébullition 10 cl d'eau, ajoutez les feuilles de verveine, couvrez et laissez infuser pendant 10 minutes.
Filtrez, puis laissez complètement refroidir.
Équeutez les fraises, coupez-les en morceaux.
Égrainez les groseilles, pelez le citron.
Passez les fruits à l'extracteur de jus en les alternant, puis versez la verveine refroidie.
Transvasez dans un verre, incorporez le sucre de canne et ajoutez les glaçons.

En prise régulière, le jus de groseilles, très riche en vitamine C, permet d'espacer et/ou d'atténuer les crises d'arthrite et d'arthrose lorsqu'elles se présentent.

PIÑA COLADA
sans alcool au curcuma

Préparation 00:05
Pour 1 grand verre

*1/2 banane • 150 g d'ananas • 1/2 orange
1 cm de racine de curcuma (ou 1 c. à café de curcuma
en poudre) • 5 cl de lait de coco • 1 c. à soupe de yaourt
à la grecque • quelques glaçons*

Épluchez la banane, l'ananas, l'orange et le curcuma. Coupez-les en morceaux.
Passez les fruits à l'extracteur de jus en les alternant, puis ajoutez le lait de coco.
Transvasez le tout dans un verre, incorporez le yaourt et ajoutez les glaçons.

Riche en vitamines C, E, B9, provitamine A (ou bêtacarotène), potassium, zinc et flavonoïdes, l'ananas est depuis longtemps considéré comme un aliment « mange-graisse ». Sa tige contient une enzyme, la bromélaine, qui possède des vertus désinfiltrantes et facilite la digestion des protéines.

JUS DE CERISES,
betterave et citron vert

Préparation 00:05
Pour 1 grand verre

*1/2 betterave • 1 citron vert
1 poignée de cerises • 3 feuilles de menthe*

Épluchez la betterave et le citron vert, puis coupez-les en morceaux.
Dénoyautez les cerises.
Passez le tout à l'extracteur de jus en alternant avec les feuilles de menthe.

Vous pouvez remplacer les cerises par environ 100 g de framboises fraîches.

JUS DE COURGETTES,
laitue, ail et persil

Préparation 00:05
Pour 1 grand verre

*1 cœur de laitue • 1 poignée de laitue • 2 petites courgettes
1/2 gousse d'ail • 2 brins de persil*

Rincez la laitue, coupez les courgettes en morceaux ainsi que le cœur de laitue.
Épluchez l'ail.
Passez-les à l'extracteur de jus avec les brins de persil.

Utilisez la pulpe pour réaliser un guacamole *(voir p. 178)*

SODA DE TOMATES, *fraises et basilic*

Préparation 00:05
Pour 1 grand verre

2 tomates • 1/2 citron vert • 100 g de fraises
1 branche de basilic • quelques glaçons
5 cl d'eau pétillante

Coupez les tomates en morceaux, épluchez le citron vert et équeutez les fraises.
Passez-les à l'extracteur de jus ainsi que le basilic, en les alternant.
Transvasez dans un verre, ajoutez les glaçons, puis l'eau pétillante.

Tout fruit ou légume rouge, comme la tomate, contient du lycopène, des anthocyanes et bon nombre de vitamines qui contribuent à se prémunir contre les infections. Le lycopène interviendrait aussi dans la réduction des cancers de la prostate.

JUS DE CANNEBERGES, *fraises, framboises et basilic*

Préparation 00:05
Pour 1 grand verre

50 g de canneberges surgelées • 50 g de fraises
1 orange • 50 g de framboises • 5 feuilles de basilic

Sortez les canneberges du congélateur quelques heures avant de réaliser le jus.
Lavez et équeutez les fraises.
Épluchez l'orange et coupez-la en morceaux.
Passez le tout à l'extracteur de jus en alternant les fruits rouges et les feuilles de basilic.
Terminez par l'orange.

Vous pouvez remplacer le basilic par des feuilles de menthe fraîche.

JUS DE CAROTTES,
fenouils et persil

Préparation 00:15
Pour 50 cl

5 carottes • 2 gros bulbes de fenouil
1 gros bouquet de persil frais

Lavez les carottes et le fenouil, puis coupez-les en morceaux. Rincez le persil.
Placez le tout dans l'extracteur, puis extrayez le jus. Dégustez aussitôt.

Riche en fer et pourvu de vertus diurétiques et drainantes, ce jus 100 % légumes se consommera en apéritif ou lors d'une monodiète. Sa grande richesse en bêtacarotène aidera aussi à lutter contre les phénomènes oxydatifs.

JUS MULTIVITAMINÉ

Préparation 00:05
Pour 1 grand verre

30 g de jeunes pousses d'épinards • 200 g de tomates
1/2 betterave • 150 g de carotte • 2 branches de céleri
5 brins de persil

Rincez et essorez les épinards.
Coupez les tomates, la betterave, les carottes et le céleri en morceaux.
Passez le tout à l'extracteur de jus en alternant les ingrédients.

Un jus très riche en vitamines, à déguster dès le matin pour une journée pleine d'énergie.

JUS D'ÉPINARDS et pamplemousse

Préparation 00:05
Pour 1 grand verre

100 g d'épinards frais • 1 pamplemousse
1 cm de gingembre frais

Lavez bien les épinards et épluchez le pamplemousse et le gingembre.
Passez le tout à l'extracteur de jus en les alternant.

Légume bien-être par excellence, l'épinard apporte des vitamines B et C ainsi que de nombreux minéraux. Il est cependant beaucoup moins doté en fer que ne le prétend la légende.

JUS DE CHOU BLANC, pomme et carotte

Préparation 00:05
Pour 1 grand verre

100 g de chou blanc
1 pomme • 1 carotte

Coupez le chou blanc, la pomme et la carotte en morceaux.
Passez le tout à l'extracteur de jus en les alternant.

Riche en nutriments et peu calorique, le jus de chou possède des propriétés antibactériennes et est réputé soulager les maux d'estomac.

SODA POMME, groseilles

Préparation 00:05
Pour 1 grand verre

1 pomme • 50 g de groseilles • 10 cl d'eau pétillante
quelques glaçons

Coupez la pomme en morceaux et égrainez les groseilles.
Passez le tout à l'extracteur de jus en alternant les ingrédients.
Ajoutez les glaçons dans le verre, puis l'eau pétillante.

Peu caloriques, les fruits rouges sont riches en polyphénols. Ces molécules contribuent à améliorer la fonction cardio-vasculaire, protègent des inflammations et préviennent des affections neuro-dégénératives.

JUS DE CHOU ROMANESCO,
panais, pomme, carotte

Préparation 00:05
Pour 1 grand verre

1 pomme • 1/2 panais • 1 carotte • 3 fleurettes de chou romanesco • 1 pincée de sel au céleri

Coupez la pomme, le panais et la carotte en morceaux.
Passez-les à l'extracteur de jus en les alternant, ainsi que les fleurettes de chou romanesco.
Saupoudrez de sel au céleri.

Pour bien fonctionner, nos yeux ont besoin de provitamine A (ou bêtacarotène), un élément contenu dans la carotte. Celle-ci possède également de la lutéine, pigment cher à nos yeux.

JUS DE BETTERAVE,
grenade, citron et persil

Préparation 00:05
Pour 1 grand verre

1 betterave crue • 1/2 grenade 1 citron • 2 brins de persil

Épluchez la betterave et coupez-la en morceaux.
Prélevez les graines de grenade et épluchez le citron.
Passez le tout à l'extracteur de jus en alternant avec le persil.

Très bien pourvue en vitamine C, la grenade renferme des polyphénols qui aident à lutter contre les radicaux libres, responsables du vieillissement prématuré de la peau et des cancers.

JUS DE PÊCHE,
melon et fraises

Préparation 00:05
Pour 1 grand verre

1 pêche • 1/4 de melon • 8 fraises
3 feuilles de menthe

Dénoyautez la pêche, coupez la chair du melon en morceaux
Équeutez les fraises.
Passez tous les ingrédients à l'extracteur de jus en les alternant.

Dépuratifs puissants, les jus de melon et de pêche vont aussi reminéraliser votre corps grâce à leur richesse nutritionnelle (potassium, calcium, vitamines B9, C, provitamine A...).

JUS DE CHOU ROUGE,
pommes et gingembre

Préparation 00:05
Pour 1 grand verre

1/4 de chou rouge • 2 pommes
1 cm de gingembre frais

Coupez le chou rouge et les pommes en morceaux.
Pelez le gingembre.
Passez le tout à l'extracteur de jus en les alternant.

Si vous souhaitez une saveur un peu plus sucrée, vous pouvez remplacer les pommes par une orange et une carotte.

Jus D'ÉTÉ

JUS D'ORANGE, *mangue, papaye*

Préparation 00:05
Pour 1 grand verre

1 orange • 1 mangue • 70 g de papaye

Épluchez l'orange et la mangue, puis retirez son noyau.
Coupez les fruits en morceaux et passez-les à l'extracteur de jus en les alternant.

La forte teneur en vitamine E de la mangue est essentielle pour avoir de beaux cheveux, mais aussi des ongles résistants et une belle peau ! Onctueux et gourmand, le jus de mangue se boit seul ou en association avec d'autres fruits. N'en consommez pas plus d'un verre par jour : riche et épais, il peut vite peser sur l'estomac.

COCKTAIL NO STRESS

Préparation 00:05
Pour 2 grands verres

4 abricots • 1 pêche • 1 pomme
2 gouttes d'extrait de vanille

Lavez et dénoyautez les abricots et la pêche.
Lavez la pomme et coupez-la en quartiers.
Passez le tout à l'extracteur de jus.
Ajoutez la vanille.

Le jus d'abricots est le jus de la bonne humeur ! Grâce à ses nutriments, il agit aussitôt sur notre état nerveux, pour un effet de détente et un sentiment de bien-être. Fruit de l'été, l'abricot est riche en provitamine A, en vitamines B et C, en potassium, calcium, manganèse, phosphore et surtout en magnésium. De plus, l'abricot stimule la production d'hémoglobine qui permet de fixer le fer. Si vous en manquez, ajoutez 1/2 c. à café de spiruline dans votre jus d'abricots.

JUS DE POMMES *et mûres*

Préparation 00:05
Pour 1 grand verre

2 pommes • 150 g de mûres

Coupez les pommes en morceaux.
Passez-les à l'extracteur de jus en alternant avec les mûres.

Très riche en vitamines C et E et en carotène, la mûre est un vrai cocktail d'antioxydants bénéfiques pour la santé.

JUS DE MANGUE, *pêches et abricot*

Préparation 00:05
Pour 1 grand verre

1/2 mangue • 2 pêches • 1 abricot

Installez le tamis à gros trous sur l'extracteur de jus.
Épluchez la mangue et coupez-la en morceaux ainsi que les pêches et l'abricot.
Passez le tout à l'extracteur de jus.

Si le mélange est trop épais, n'hésitez pas à ajouter un peu d'eau fraîche.

COCKTAIL FORTIFIANT
betterave, concombre et radis roses

Préparation 00:05
Pour 1 grand verre

1/2 betterave • 1/2 concombre
1 poignée de radis roses • 1/2 citron

Épluchez la betterave et coupez-la en morceaux.
Lavez et coupez le concombre en morceaux.
Équeutez et lavez les radis.
Pelez le citron.
Passez le tout à l'extracteur de jus.

Le jus de citron est un conservateur naturel. Associé à d'autres fruits ou légumes, même en moindre quantité, il assure une meilleure préservation des nutriments présents dans vos cocktails.

JUS DE COURGETTES,
pommes et menthe

Préparation 00:05
Pour 1 grand verre

2 courgettes • 2 pommes
10 feuilles de menthe

Coupez les courgettes en morceaux et les pommes en quartiers.
Passez-les à l'extracteur de jus avec les feuilles de menthe.

Vous pouvez également réaliser cette recette en remplaçant les courgettes par un concombre.

JUS DE CONCOMBRE
et citron

Préparation 00:05
Pour 1 grand verre

1 concombre • 1/2 citron

Coupez le concombre en tronçons et le citron (non épluché) en morceaux.
Passez le tout à l'extracteur de jus.

Voici une recette très désaltérante et excellente pour la ligne, le concombre et le citron étant particulièrement peu caloriques.

500

JUS FAÇON
calisson

Préparation 00:05
Pour 1 grand verre

1/2 melon • 4 abricots • 5 cl de lait d'amande (voir p. 172)
1 c. à café d'eau de fleur d'oranger

Coupez la chair du melon en morceaux et ôtez le noyau des abricots.
Passez-les à l'extracteur de jus en terminant par le lait d'amande.
Ajoutez la fleur d'oranger au jus obtenu.

Choisissez des abricots mûrs à point, charnus, légèrement souples sous la pression du doigt et bien parfumés.

JUS ROUGE
au basilic

Préparation 00:05
Pour 1 grand verre

100 g de myrtilles • 100 g de cassis
2 brins de basilic • 1 betterave

Lavez les myrtilles, les cassis et le basilic.
Épluchez la betterave et coupez-la en morceaux.
Passez le tout à l'extracteur de jus en les alternant.

Lavez votre extracteur tout de suite après avoir réalisé ce jus pour éviter que la betterave ne le colore.

JUS D'ORANGES,
abricots et ananas

Préparation 00:05
Pour 1 grand verre

2 oranges • 4 abricots • 60 g d'ananas

Épluchez les oranges et coupez-les en morceaux.
Coupez les abricots en deux et ôtez le noyau.
Pelez et coupez l'ananas en morceaux.
Passez le tout à l'extracteur de jus en les alternant.

Riche en fibres, l'ananas contient de la broméline, une substance qui facilite la digestion.

COCKTAIL DE TOMATES,
pastèque et menthe

Préparation 00:05
Pour 1 grand verre

3 tomates • 1 tranche de pastèque • 5 feuilles de menthe

Coupez les tomates et la chair de la pastèque en morceaux.
Passez-les à l'extracteur de jus en alternant avec les feuilles de menthe.
Dégustez bien frais.

Très juteuse et réhydratante, la pastèque est riche en vitamine C et renferme de belles quantités de potassium.

JUS DE MELON,
framboises et passion

Préparation 00:05
Pour 1 grand verre

1/2 melon • 1 fruit de la Passion • 100 g de framboises

Coupez la chair du melon en morceaux.
Coupez le fruit de la Passion en deux et récupérez-en la pulpe à l'aide d'une cuillère.
Passez les framboises, la pulpe de fruit de la Passion à l'extracteur de jus, puis le melon.

Le fruit de la Passion est particulièrement riche en vitamine C et minéraux ; il apporte notamment du potassium en quantité importante, ainsi que du magnésium et du phosphore.

JUS DE NECTARINES,
fraises et framboises

Préparation 00:05
Pour 1 grand verre

2 nectarines blanches • 6 fraises
50 g de framboises

Coupez les nectarines en morceaux.
Lavez et équeutez les fraises.
Passez les fruits à l'extracteur de jus en commençant par les fraises et les framboises.
Terminez par les nectarines.

Si vous souhaitez éplucher les nectarines, plongez-les quelques secondes dans de l'eau frémissante. La peau s'ôtera alors très facilement.

LAIT D'AMANDE
aux framboises

Préparation 00:05
Trempage 12:00
Pour 1 grand verre

50 g d'amandes • 75 cl d'eau • 100 g de framboises

Faites tremper les amandes toute une nuit dans de l'eau froide.
Égouttez-les.
Passez les amandes à l'extracteur de jus en même temps que l'eau en alternant avec les framboises.

Vous obtiendrez ainsi un lait d'amande au bon goût de framboise.

NECTAR DE BANANE
et abricots

Préparation 00:05
Pour 1 grand verre

1 banane • 3 abricots • 10 cl d'eau

Installez le tamis à gros trous sur l'extracteur de jus.
Épluchez la banane et coupez les abricots en morceaux.
Passez la banane à l'extracteur de jus, puis les abricots.
Terminez par l'eau.

Verser de l'eau à la fin dilue le mélange et rend le jus moins épais.

JUS DE CAROTTES
et pêches

Préparation 00:05
Pour 1 grand verre

2 carottes • 2 pêches • 1/2 citron

Coupez les carottes en tronçons.
Ôtez le noyau des pêches et épluchez le citron.
Passez le tout à l'extracteur de jus en les alternant.

D'apport énergétique modéré, la pêche apporte de belles quantités de vitamine C, mais aussi de provitamine A. Les variétés jaunes en contiennent près de deux fois plus que les blanches.

JUS DE PASTÈQUE
et myrtilles

Préparation 00:05
Pour 1 grand verre

1 tranche de pastèque • 150 g de myrtilles

Coupez la chair de la pastèque en morceaux.
Passez-la à l'extracteur de jus en alternant avec les myrtilles.
Dégustez bien frais.

Bien pourvue en fibres, la myrtille apporte de grandes quantités de flavonoïdes aux forts pouvoirs antioxydants.

GASPACHO

Préparation 00:10
Pour 1 grand verre

4 tomates • 1 concombre • 1 branche de céleri
1 poivron rouge • 1/4 d'oignon blanc
1 petit bouquet de basilic • 1/2 citron • sel et poivre

Coupez les tomates, le concombre, le céleri, le poivron et l'oignon en morceaux.
Épluchez le citron.
Passez le tout à l'extracteur de jus en alternant avec le basilic et le citron.
Salez, poivrez et mélangez bien.

Pour un gaspacho encore plus savoureux, faites mariner les ingrédients coupés en morceaux avec un peu de sel et la moitié de l'huile la veille. Les saveurs en seront décuplées.

TOP 8 DES JUS
POUR LE PETIT DÉJEUNER ET/OU LE GOÛTER !

1

JUS DE BANANE ET KIWIS

1 banane • 2 kiwis • 10 cl d'eau

La douceur acidulée de ce jus énergétique vous permettra de vous réveiller en douceur, tout en faisant le plein de vitamines.

PAGE 11

2

JUS DE PÊCHE, MELON ET FRAISES

1 pêche • 1/4 de melon • 8 fraises
3 feuilles de menthe

La richesse nutritionnelle de ce jus saura vous faire tenir le reste de l'après-midi, en cas de petit creux à 16 heures.

PAGE 47

3

JUS DE CAROTTES, CITRON ET GINGEMBRE

6 grosses carottes • 1/2 citron
1 petit morceau de gingembre frais

Grâce à sa teneur en vitamines, aux effets anti-inflammatoire du gingembre et aux vertus drainantes du citron sur le foie, ce jus sera idéal au réveil, le lendemain d'une soirée arrosée.

PAGE 37

4

JUS FAÇON CALISSON

1/2 melon • 4 abricots • 5 cl de lait d'amande
1 c. à café d'eau de fleur d'oranger

Sucré et plein de douceur, ce jus vous permettra de profiter d'un goûter gourmand, aux saveurs de Provence (et de vacances !).

PAGE 55

5

LAIT D'AMANDE AUX FRAMBOISES

50 g d'amandes • 75 cl d'eau • 100 g de framboises

Accompagné de sablés bretons et de quartiers de pomme à croquer, ce jus constituera un goûter équilibré et gourmand, pour les petits comme les grands.

PAGE 56

6

COCKTAIL 100 % ÉNERGIE

15 grains de raisin noir • 1 pomme granny-smith
1 fruit de la Passion • 1/2 banane
1 tranche d'ananas frais

Un cocktail pour tenir toute la matinée, grâce notamment aux vertus anti-fatigue du raisin et de la banane !

PAGE 139

7

JUS D'ORANGES, POMMES ET CAROTTES

2 oranges • 2 pommes • 2 carottes

Un grand classique des petits déjeuners énergisants ! Vous pourrez en outre utiliser la pulpe du jus pour l'incorporer dans de délicieux pancakes.

PAGE 98

8

JUS DE KIWIS, CITRON VERT ET THÉ VERT

1 pincée de thé vert • 1/2 citron vert
3 kiwis • 1/2 c. à café de sirop d'agave

Consommé à l'heure du goûter, ce cocktail permettra de lutter contre le stress accumulé toute la journée, grâce notamment aux bienfaits du thé vert, détoxifiants et à la vitamine C présente dans le kiwi et le citron.

PAGE 155

SMOOTHIE *vegan*

Préparation 00:05
Pour 1 grand verre

100 g de framboises • 70 g de canneberges
100 g de tofu soyeux

Passez les framboises et les canneberges à l'extracteur de jus.
Versez le jus obtenu dans un mixeur, puis ajoutez le tofu soyeux.
Mixez le tout, ajoutez de l'eau de source si le mélange est un peu trop épais.

Le jus de canneberges est riche en anthocyanes, en antioxydants puissants qui permettent d'agir contre les infections bactériennes. Il est aussi très alcalin, et combat ainsi bien des infections et évite le développement des bactéries, notamment dans le cas de gingivites.

JUS DE TOMATES *et basilic*

Préparation 00:05
Pour 1 grand verre

4 tomates • 1/2 citron • 1 brin de basilic

Coupez les tomates en morceaux et épluchez le citron.
Passez-les à l'extracteur de jus avec le basilic.

Pensez à conserver la pulpe de ce jus pour préparer une délicieuse sauce tomate (voir p. 70).

JUS DE PASTÈQUE, *concombre, ananas et menthe*

Préparation 00:05
Pour 1 grand verre

1 tranche de pastèque • 1/4 d'ananas
1/4 de concombre • 10 feuilles de menthe

Pelez la pastèque et l'ananas, puis coupez-les en morceaux ainsi que le concombre.
Passez le tout à l'extracteur de jus en alternant avec les feuilles de menthe.

Idéal en été, ce jus est très désaltérant grâce à sa forte teneur en eau. Consommez-le bien frais !

COCKTAIL *santé*

Préparation 00:05
Pour 1 grand verre

1/4 de concombre • 1/2 oignon rouge
6 tomates cerises • 1 brin de persil

Lavez le concombre et coupez-le en morceaux.
Épluchez l'oignon et lavez les tomates cerises et le persil.
Passez le tout à l'extracteur de jus.

Constitué d'environ 95 % d'eau, le concombre hydrate, purifie l'organisme, et facilite la digestion. Il draine aussi les reins et nettoie la vessie de l'acide urique (responsable des cystites et autres infections urinaires). Sa grande richesse en potassium fait de lui un diurétique puissant.

tomate

LAIT DE MÛRES
poivré

Préparation 00:05
Pour 1 grand verre

1 pomme • 150 g de mûres • 10 cl de lait de noisette
1 pincée de poivre noir fraîchement moulu

Coupez la pomme en morceaux.
Passez-la à l'extracteur de jus en alternant avec les mûres, puis ajoutez le lait de noisette.
Saupoudrez de poivre noir.

Excellente source de vitamines C, A et E, les mûres contribuent à la beauté de la peau. Les flavonoïdes qu'elles contiennent préviennent les maladies cardio-vasculaires en réduisant le mauvais cholestérol.

COCKTAIL
douce nuit

Pour 2 verres

25 cerises griottes • 1 banane
3 gouttes d'extrait de vanille

Dénoyautez les cerises.
Épluchez la banane.
Passez le tout à l'extracteur de jus.

La griotte est l'un des meilleurs précurseurs de mélatonine du monde végétal, une hormone du sommeil, de la détente et de l'endormissement. Sa sécrétion par le cerveau est provoquée en grande partie par la lumière du jour, mais certains jus comme celui de cerises favorisent cette production.

COCKTAIL DE FRAISES,
concombre et basilic

Préparation 00:05
Pour 1 grand verre

10 fraises • 1 concombre • 10 feuilles de basilic

Lavez et équeutez les fraises.
Coupez le concombre en tronçons.
Passez le tout à l'extracteur de jus en alternant avec le basilic.

La peau du concombre a des vertus digestives. Pensez à la garder après avoir bien lavé le concombre.

JUS DE PAMPLEMOUSSE,
tomates et céleri

Préparation 00:05
Pour 1 grand verre

1 pamplemousse • 2 tomates
1/2 branche de céleri • 1 brin de persil

Épluchez le pamplemousse et coupez-le en morceaux ainsi que les tomates et le céleri.
Passez-les à l'extracteur de jus en alternant avec le persil.

Choisissez des tomates bien mûres.

JUS DE TOMATES,
poivron et céleri

Préparation 00:05
Pour 1 grand verre

4 tomates • 1 poivron rouge • 1 branche de céleri

Coupez les tomates et le poivron en morceaux, puis le céleri en tronçons.
Passez le tout à l'extracteur de jus en les alternant.

Ce jus a des vertus rassasiantes et est pauvre en calories. Il est idéal lors d'un régime minceur !

JUS DE MELON
et concombre

Préparation 00:05
Pour 1 grand verre

1/2 melon • 1/2 citron • 1 concombre

Prélevez la chair du melon et pelez le citron.
Coupez le melon en morceaux et le concombre en tronçons.
Passez le tout à l'extracteur de jus en les alternant.

Grâce à leur teneur en potassium, le concombre et le melon sont des aliments diurétiques qui aident à lutter efficacement contre la rétention d'eau.

NECTAR DE FRAISES
et banane

Préparation 00:05
Pour 1 grand verre

1 banane • 40 g de fraises • 10 cl d'eau

Installez le tamis à gros trous sur l'extracteur de jus.
Épluchez la banane, lavez et équeutez les fraises.
Passez le tout à l'extracteur de jus, puis terminez par l'eau.
Dégustez bien frais.

Riche en vitamine B, la banane se caractérise également par sa bonne teneur en minéraux, à commencer par le potassium et le magnésium.

JUS DE PASTÈQUE, *poivron et menthe*

Préparation 00:05
Pour 1 grand verre

500 g de pastèque • 1 poivron rouge
3 feuilles de menthe

Pelez la pastèque et coupez la chair en morceaux.
Épépinez le poivron et coupez-le en lamelles.
Passez le tout à l'extracteur de jus avec les feuilles de menthe.

Pour rendre le poivron plus digeste, vous pouvez le peler au préalable (à l'aide d'un économe ou après l'avoir passé sous le gril du four jusqu'à ce que la peau se boursoufle).

COCKTAIL *purifiant*

Préparation 00:05
Pour 1 grand verre

1 pomme • 1/2 betterave • 1 branche de céleri
2 carottes nouvelles

Lavez la pomme et coupez-la en quartiers.
Coupez la betterave en morceaux.
Lavez la branche de céleri et les carottes et coupez-les en tronçons.
Passez le tout à l'extracteur de jus.

Le céleri, qui contient du potassium et de la vitamine C, est connu et utilisé depuis l'Antiquité pour soulager et guérir les états inflammatoires osseux et l'ostéoporose.

JUS DE TOMATES *et laitue*

Préparation 00:05
Pour 1 grand verre

3 tomates • 1 cœur de laitue • 1 citron

Coupez les tomates en morceaux.
Lavez le cœur de laitue et épluchez le citron.
Passez le tout à l'extracteur de jus en les alternant.

Très peu énergétique et riche en vitamines C et E, la tomate est aussi très bien pourvue en lycopène (qui lui donne sa couleur rouge), aux puissants effets antioxydants.

NECTAR D'AVOCAT, *tomates et basilic*

Préparation 00:05
Pour 1 grand verre

1 avocat • 3 tomates • 3 feuilles de basilic

Installez le tamis à gros trous sur l'extracteur de jus.
Épluchez l'avocat, ôtez le noyau et coupez-le en morceaux.
Coupez les tomates en morceaux.
Passez le tout à l'extracteur de jus en alternant avec le basilic.

Ajoutez un peu d'eau dans l'extracteur si le mélange vous semble trop épais.

JUS DE NECTARINES
et verveine

Préparation 00:05
Pour 1 grand verre

3 nectarines • 3 feuilles de verveine • 5 cl d'eau

Installez le tamis à gros trous sur l'extracteur de jus.
Dénoyautez les nectarines.
Passez-les à l'extracteur de jus en alternant avec les feuilles de verveine.
Terminez par l'eau.

Vous pouvez ajouter un peu d'eau si le jus vous semble trop épais.

SAUCE TOMATES

Préparation 00:05
Cuisson : 00:10
Pour 1 grand verre

la pulpe du jus de tomates et basilic (voir p. 62)
10 cl d'eau • 1 gousse d'ail • 1 pincée de sucre
1 pincée de sel • 1 c. à soupe d'huile d'olive

Mélangez la pulpe du jus de tomates et basilic avec l'eau.
Faites chauffer à feu moyen avec l'ail pelé pendant environ 10 minutes.
Ajoutez le sucre, le sel, l'huile d'olive, et mélangez.

Riche en vitamines A et B, la tomate favorise l'immunité et protège le système digestif.

JUS DE TOMATES
et carottes

Préparation 00:05
Pour 1 grand verre

2 tomates • 2 carottes

Coupez les tomates en morceaux et les carottes en tronçons.
Passez le tout à l'extracteur de jus.

Pour faire un bon jus, optez pour des tomates bien juteuses. Évitez la cœur de bœuf ou la cornue, trop charnues, à la chair dense et manquant de jus.

JUS DE CERISES
et melon

Préparation 00:05
Pour 1 grand verre

200 g de cerises • 1/2 melon

Dénoyautez les cerises et coupez la chair du melon en morceaux.
Passez le tout à l'extracteur de jus en les alternant.

Modérément calorique, le melon est particulièrement riche en provitamine A (ou bêtacarotène) aux vertus antioxydantes avérées.

JUS DE ROQUETTE,
concombre et coriandre

Préparation 00:05
Pour 1 grand verre

2 poignées de roquette • 1 concombre
1/4 de citron • 3 brins de coriandre

Lavez la roquette, coupez le concombre en tronçons et épluchez le citron.
Passez le tout à l'extracteur de jus en alternant avec la coriandre.

La saveur un peu piquante de la roquette peut surprendre. Vous pouvez la remplacer par de la mâche, plus douce.

JUS DE POMME,
framboises et amande

Préparation 00:05
Pour 1 grand verre

1 pomme • 50 g de framboises
15 cl de lait d'amande *(voir p. 172)*

Coupez la pomme en quartiers.
Passez-la à l'extracteur de jus avec les framboises.
Terminez par le lait d'amande.

Vous pouvez remplacer les framboises par d'autres fruits rouges de votre choix (fraises ou cassis par exemple).

RAINBOW
cocktail

Préparation 00:05
Pour 2 verres

2 oranges • 2 citrons bergamote • 2 tranches d'ananas
200 g de mûres • 300 g de myrtilles

Épluchez les oranges et les citrons.
Passez le tout à l'extracteur de jus.

Riche en vitamines (C, E, B9, ou acide folique, provitamine A, ou bêtacarotène) et en minéraux (calcium, fer, magnésium, sodium, potassium, phosphore), le jus de mûres est bénéfique pour soulager les gencives sensibles et prévenir la parodontite.

JUS DE MELON,
oranges et curcuma

Préparation 00:05
Pour 1 grand verre

1/2 melon • 2 oranges • 1 cm de curcuma frais

Coupez la chair du melon en morceaux.
Épluchez les oranges et coupez-les en morceaux.
Pelez le curcuma.
Passez le tout à l'extracteur de jus.

Le melon est une très bonne source de provitamine A (carotène). Sachez que plus sa chair est orangée, plus il en contient.

JUS DE BETTERAVE, MÛRES
et gingembre, sel au citron vert

Préparation 00:10
Pour 1 grand verre

le zeste de 1/2 citron vert râpé • 1/2 c. à café de sel
2 c. à soupe de jus de citron • 1 betterave
1 cm de gingembre • 125 g de mûres

Mélangez le zeste de citron vert avec le sel et disposez le mélange dans une soucoupe.
Versez le jus de citron dans une autre.
Trempez le bord du verre dans le jus de citron, puis dans le sel au citron vert.
Épluchez et coupez la betterave en morceaux.
Épluchez le gingembre, rincez les mûres.
Passez le tout à l'extracteur de jus puis transvasez dans le verre à bords givrés.

À la fois riche en fer grâce à la présence des mûres, la betterave lui confère une action drainante sur les reins.

JUS D'ABRICOTS
à l'infusion de thym frais

Préparation 00:05 • Repos 00:40
Pour 1 grand verre

quelques brins de thym frais • 5 abricots
1/2 banane • 1 c. à café de miel liquide • 2 glaçons

Faites bouillir 10 cl d'eau, éteignez le feu et ajoutez les brins de thym.
Couvrez et laissez infuser 10 minutes.
Filtrez et laissez l'infusion complètement refroidir.
Retirez les noyaux des abricots, passez les oreillons de fruits à l'extracteur de jus ainsi que la banane.
Mélangez le jus des fruits avec la tisane et le miel, ajoutez les glaçons.

Le thym a une action drainante sur le foie, c'est un excellent régulateur de la digestion. Il s'associe parfaitement avec la saveur de l'abricot.

JUS DE POIVRONS ROUGES,
fraises et basilic

Préparation 00:15
Pour 50 cl

2 gros poivrons rouges (environ 500 g)
400 g de fraises bien mûres • 30 feuilles de basilic
1 petite rondelle de piment

Rincez les poivrons, les fraises et le basilic.
Épépinez les poivrons.
Placez tous les ingrédients dans l'extracteur, puis extrayez-en le jus. Dégustez aussitôt.

Quelques heures avant de réaliser le jus, placez les poivrons et les fraises au réfrigérateur. Commencez par extraire le jus des feuilles de basilic, puis des végétaux « à jus ».

MYRTILLES,
eau de coco

Préparation 00:05
Pour 1 grand verre

100 g de myrtilles • 12 cl d'eau de coco

Rincez les myrtilles, puis passez-les à l'extracteur de jus.
Versez ensuite l'eau de coco.

Riche en potassium, l'eau de coco est énergétique, c'est également un excellent stimulateur du système immunitaire et un régulateur de l'acidité de l'organisme. Antioxydantes, les myrtilles sont reconnues pour leur effet anticancéreux.

JUS DE RADIS NOIR,
concombre et oranges sanguines

Préparation 00:15
Pour 50 cl

250 g de radis noir • 400 g de concombre
1 petit bouquet de menthe fraîche • 2 oranges sanguines (ou, à défaut, des oranges classiques)

Rincez le radis noir, le concombre et la menthe.
Pelez les oranges et coupez-les en quatre.
Extrayez le jus des végétaux, puis dégustez aussitôt.

Commencez par extraire le jus des feuilles de menthe, puis terminez par les végétaux « à jus » : radis noir, concombre et oranges.

JUS DE PASTÈQUE,
orange et citron

Préparation 00:05
Pour 1 grand verre

200 g de pastèque bien mûre • 1 citron vert
1 orange • 1/2 gousse de vanille

Coupez la pastèque en morceaux.
Épluchez le citron vert et l'orange.
Grattez les grains de la gousse de vanille.
Passez les fruits à l'extracteur de jus, puis ajoutez les grains de vanille.

Riche en provitamine A (ou bêtacarotène), vitamine B9 (ou acide folique), potassium, phosphore, vitamines B5 et C, le jus de pastèque rafraîchit et draine. De plus, les graines de la pastèque contiennent des protéines et des acides gras essentiels.

JUS DE CAROTTES,
pêches et thym citron

Préparation 00:15
Pour 50 cl

4 grosses carottes • 3 pêches jaunes
1 petit brin de thym citron frais

Rincez les végétaux. Coupez les carottes en morceaux et dénoyautez les pêches.
Placez le tout dans l'extracteur, puis extrayez-en le jus. Dégustez aussitôt.

Consommez ce jus de carottes fruité en guise d'apéritif.

MES RECETTES BEAUTÉ

LES MASQUES VISAGE

Soin régénérant et antirides

Après avoir préparé un jus de fraises, récupérez la pulpe de l'extracteur et mélangez-la avec 1 c. à café de miel. Appliquez ce mélange 15 minutes sur le visage et le cou. Au besoin, afin que cela ne coule pas, maintenez avec une gaze fine sur votre visage. Rincez à l'eau claire.

Teint éclatant et purifié

Mélangez 2 c. à soupe de miel non liquide avec 2 c. à soupe de jus de citron pur et étalez sur tout le visage et le cou. Maintenez au besoin avec une gaze et restez allongé durant 15 minutes. Rincez le masque à l'eau tiède. Votre teint sera éclatant avec un grain de peau resserré.

Peau douce

Mélangez 2 c. à soupe de jus de pêches, 2 c. à soupe de jus de carottes et 4 c. à soupe de crème fraîche. Appliquez le mélange sur le visage et le cou. Maintenez ce masque avec une gaze pendant 15 minutes. Rincez à l'eau claire.

Gommage douceur

Très doux, ce gommage convient à toutes les peaux. Passez à l'extracteur 3 morceaux de pulpe de noix de coco d'environ 3 cm et réservez le jus obtenu. Prélevez un peu de pulpe rejetée dans l'extracteur (1 c. à café environ pour un gommage du visage, toute la pulpe pour les autres parties du corps). Placez la pulpe dans un récipient et mélangez-la avec 2 c. à soupe du lait de coco obtenu. Procédez au gommage en massant délicatement votre visage. Rincez à l'eau claire. Votre peau sera douce et veloutée !

LES LOTIONS TONIQUES

Pour les peaux mixtes et sensibles

Avec du jus d'abricots. Passez le jus doucement sur votre visage à l'aide d'un coton. Avec du jus de pastèque. Lotionnez-vous le visage avec ce jus pour avoir un teint éclatant.

Pour les peaux grasses

Avec du jus de raisins noirs. Le jus de raisins possède des vertus éclaircissantes pour la peau. Lotionnez-vous le visage avec ce jus et laissez sécher. Faites ce soin une fois par semaine pour une peau tonifiée et un teint lumineux.

LA GUERRE DES BOUTONS

Le jus de fraises

Pour faire partir les points noirs et retrouver une jolie peau, appliquez du jus de fraises le soir sur le visage. Massez doucement et laissez agir toute la nuit. Le lendemain matin, rincez à l'eau fraîche.

Le jus de citron

Un vilain bouton vous gâche la vie ? Lotionnez-vous le visage avec un coton imbibé de jus de citron pur. Le citron resserre les pores et purifie la peau en cas d'acné. (Attention, ce jus est photo sensibilisant.)

Le jus de persil

Efficace contre l'acné, il nettoiera et purifiera votre peau. Passez à l'extracteur 1 bouquet de persil frais. Appliquez le jus obtenu sur le visage en frottant doucement, puis laissez poser environ 10 minutes avant de rincer à l'eau fraîche.

LES SOINS CAPILLAIRES

Le masque antichute

Passez à l'extracteur entre 150 et 200 g de cresson. Avant chaque shampooing, frictionnez doucement et du bout des doigts votre cuir chevelu avec le jus obtenu pour bien l'en imprégner. S'il vous en reste un peu, appliquez-le aussi sur vos cheveux. Laissez poser environ 15 minutes et renouvelez jusqu'à ce que la chute ralentisse ou cesse complètement.

Le soin antipelliculaire

Passez à l'extracteur 1 beau bouquet d'orties fraîches (préalablement lavées, essuyées et coupées grossièrement). Une fois le jus obtenu, diluez-le dans un peu d'eau distillée ou de source. Massez-vous délicatement le cuir chevelu avec ce jus durant quelques minutes, laissez poser 5 minutes et procédez au shampoing. Répétez le soir au moins 2 fois par semaine jusqu'à ce que les pellicules disparaissent.

La lotion après-shampoing

Passez à l'extracteur 2 citrons. Mélangez le jus obtenu avec 1 l d'eau distillée ou d'eau de source (évitez l'eau du robinet, parfois trop calcaire, même si vous l'utilisez pour laver vos cheveux). Après votre shampoing habituel, que vous aurez soigneusement rincé, appliquez cette eau en massant doucement votre cuir chevelu si le but est d'atténuer l'excès de sébum. Sinon, appliquez-la sur les longueurs, puis séchez vos cheveux.

Beurre de mangue pour faire briller et activer la pousse !

Faites fondre doucement au bain-marie entre 100 et 150 g de karité (choisissez-le le plus naturel possible, sans parfum). Ajoutez 2 c. à soupe d'huile de ricin, le jus de 1/2 mangue et de 1/2 citron. Mélangez bien et ajoutez 3 gouttes d'huile essentielle d'ylang-ylang. Mélangez de nouveau et versez dans un pot en verre ou en plastique fermant avec un couvercle. Appliquez ce baume douceur sur vos cheveux environ 1 heure avant le shampoing.

LES SOINS MAINS ET PIEDS

Le bain de pieds spécial peau douce

Passez à l'extracteur 1 ananas entier. Dans une bassine, allongez le jus obtenu avec de l'eau tiède. Trempez-y vos pieds durant 20 à 30 minutes (profitez-en pour vous détendre !). Puis essuyez-les soigneusement sans les rincer. Vous pouvez utiliser ce jus sur toutes les zones rugueuses du corps (coudes, genoux…) : ils seront d'une douceur incroyable !

Le bain de mains spécial peau douce

Passez à l'extracteur 2 oranges. Dans un récipient, mélangez le jus obtenu avec 3 c. à soupe d'huile d'amande douce. Trempez-y vos mains 15 minutes environ, puis essuyez-les doucement.

JUS DE CERISES,
poires et fleur d'oranger

Préparation 00:05
Pour 1 grand verre

200 g de cerises • 2 poires
1 c. à café d'eau de fleur d'oranger

Dénoyautez les cerises et coupez les poires en morceaux.
Passez les fruits à l'extracteur de jus, puis ajoutez la fleur d'oranger au jus obtenu.
Remuez bien avant de déguster.

La cerise est le fruit rouge le plus calorique, mais il serait dommage de la délaisser car elle apporte entre autres de la vitamine C, de la provitamine A, du potassium et des fibres.

JUS
antioxydant

Préparation 00:05
Pour 1 grand verre

100 g de myrtilles • 500 de framboises
50 g de mûres • 3 litchis
1 feuille de menthe poivrée fraîche

Rincez toutes les baies et la menthe.
Épluchez les litchis.
Passez le tout à l'extracteur de jus.

D'après de récentes recherches, la consommation des framboises, mûres et même myrtilles réduirait les phénomènes inflammatoires et augmenterait les propriétés antioxydantes du sang.

JUS DE CERISES,
gingembre et vanille

Préparation 00:05
Pour 1 grand verre

20 cerises • 1 cm de gingembre frais
2 gouttes d'extrait de vanille

Dénoyautez les cerises.
Lavez et essuyez le gingembre (ne le pelez pas).
Passez le tout à l'extracteur de jus.
Ajoutez la vanille dans le verre et mélangez.

Cette recette tonique est détoxifiante, grâce à la cerise, chargée en antioxydants et en vitamine C. L'ajout de gingembre, antiviral reconnu, aide à préserver des microbes de saison.

JUS VERT
à l'ananas

Préparation 00:05
Pour 1 grand verre

100 g de brocoli • 1 concombre
50 g d'épinards frais • 1 tranche d'ananas • 1 citron

Coupez le brocoli en fleurettes et le concombre en tronçons.
Lavez bien les épinards et pelez l'ananas et le citron.
Passez le tout à l'extracteur de jus en les alternant.

L'ananas apporte à ce green juice une délicate saveur sucrée qui le rend plus gourmand tout en conservant ses vertus détoxifiantes.

JUS DE MYRTILLES,
fraises et mûres à l'infusion de lavande

Préparation 00:05 • Repos 00:40
Pour 1 grand verre

1 c. à café de fleurs de lavande déshydratées
50 g de fraises • 50 g de myrtilles • 50 g de mûres
1 c. à café de miel liquide • quelques glaçons

Disposez les fleurs de lavande dans une tasse, ajoutez 10 cl d'eau bouillante. Couvrez et laissez infuser pendant 10 minutes. Filtrez et laissez complètement refroidir. Équeutez les fraises, passez les fruits à l'extracteur de jus en les alternant avec les myrtilles et les mûres. Ajoutez le miel et mélangez. Ajoutez les glaçons dans le verre, puis l'infusion de lavande.

Un jus relaxant grâce à l'action de la lavande.

BRAMBLE
mocktail

Préparation 00:05
Pour 1 grand verre

1/2 citron • 150 g de mûres • glace pilée
2 c. à café de sirop de sucre de canne
10 cl de limonade

Épluchez le citron, passez-le à l'extracteur de jus ainsi que les mûres.
Disposez la glace pilée au fond d'un verre.
Versez le jus de fruits, ajoutez le sucre de canne, mélangez, puis versez la limonade.

Le jus de mûres est précieux pour soulager les ulcères et les hémorroïdes. Buvez-en régulièrement en cas de crise. Associez à votre jus de mûres une pomme Reinette ou Golden.

JUS D'ANANAS
et fruits rouges

Préparation 00:05
Pour 1 grand verre

1/2 ananas • 150 g de fraises • 100 g de framboises

Pelez et coupez l'ananas en morceaux.
Lavez et équeutez les fraises.
Passez le tout à l'extracteur de jus avec les framboises.

Les « yeux » de la chair d'ananas sont désagréables en bouche. Ôtez-les avec la pointe d'un couteau ou une cuillère parisienne.

COCKTAIL « BONNE VUE »

carottes, brocolis et citron

Préparation 00:05
Pour 1 grand verre

2 carottes • 2 bouquets de brocoli
1 citron jaune ou vert

Lavez et coupez les carottes en tronçons.
Lavez le brocoli et épluchez le citron.
Passez le tout à l'extracteur de jus et allongez au besoin avec de l'eau de source.

Le brocoli est riche en lutéine. Elle est indispensable à notre organisme et à la bonne santé de nos yeux, qui en requièrent une quantité importante. Notre corps ne produisant pas ce pigment, l'alimentation doit nous la procurer.

JUS DE CONCOMBRES,

menthe et citron

Préparation 00:15
Pour 50 cl

3 gros concombres • 1 petit bouquet de menthe fraîche
1 citron

Rincez les concombres et la menthe. Coupez les concombres en morceaux. Pelez le citron et coupez-le en quatre.
Placez le tout dans l'extracteur pour extraire le jus. Buvez aussitôt.

Voici un jus « multi-détox » grâce au citron et à la chlorophylle de la menthe. Le concombre lui confère aussi une action diurétique et drainante. Bref, une boisson à boire sans modération en été.

JUS DE CONCOMBRE,

brocoli et persil

Préparation 00:05
Pour 1 grand verre

1/2 concombre • 50 g de brocoli
1 cm de gingembre frais • 1 brin de persil

Coupez le concombre en morceaux et le brocoli en fleurettes.
Passez-les à l'extracteur de jus avec le gingembre pelé et le persil.

Le persil est un super aliment qui nous apporte des minéraux tels que le phosphore, le calcium et le fer ainsi que de la vitamine C et du bêtacarotène.
Il est idéal pour renforcer le système immunitaire !

500
400
300
200

MOJITO MOCKTAIL
fraises, pastèque

Préparation 00:05
Pour 1 grand verre

*1/2 citron vert • 100 g de fraises • 200 g de pastèque
10 feuilles de menthe • 1 c. à soupe de sirop de sucre de canne • 10 cl de ginger ale (voir p. 199)*

Épluchez le citron vert, équeutez les fraises, prélevez la chair de la pastèque et coupez-la en morceaux.
Passez le tout à l'extracteur de jus en alternant les ingrédients ainsi que les feuilles de menthe. Versez dans le verre, ajoutez le sirop de sucre de canne et le ginger ale, mélangez, puis ajoutez les glaçons.

Pour les peaux mixtes et sensibles : utilisez le jus de pastèque en lotion sur le visage pour avoir un teint éclatant !

JUS DE CHOU KALE,
carottes et poivrons rouges

Préparation 00:15
Pour 50 cl

*100 g de chou kale • 3 carottes
2 poivrons rouges • 1 rhizome de curcuma frais
1 citron • 10 à 20 g de graines germées de poireau*

Rincez les végétaux sous l'eau claire. Pelez le citron (conservez environ 1/4 de citron non pelé pour le zeste). Coupez-les en morceaux.
Placez le tout dans l'extracteur pour en extraire le jus. Dégustez aussitôt.

Voici un savoureux jus complet, avec notamment de la vitamine C, des protéines (provenant du kale) et du bêtacarotène. À consommer en apéritif ou en guise de monodiète (en substitut d'un repas classique).

COCKTAIL
« souplesse » !

Préparation 00:05
Pour 1 grand verre

*20 cerises • 80 g de chou rouge
1 orange sanguine*

Dénoyautez les cerises.
Épluchez l'orange.
Passez le tout à l'extracteur de jus.

Le jus de cerises burlat et cœur-de-pigeon (pas la petite griotte, ou cerise de Montmorency) est riche en antioxydants et vous soulagera rapidement des courbatures. Prenez-le en cure de 20 jours, à raison d'un verre le matin (idéalement à jeun).

JUS DE MELON,
concombre, gingembre et thé vert

Préparation 00:05 • Repos 00:40
Pour 1 grand verre

*1 pincée de thé vert • 1 cm de gingembre
1/2 concombre • 180 g de melon • quelques glaçons*

Versez 10 cl d'eau bouillante sur le thé vert, couvrez et laissez infuser pendant 10 minutes. Filtrez et laissez complètement refroidir.
Épluchez le gingembre. Coupez le concombre en morceaux. Prélevez la chair du melon, coupez-la en morceaux. Passez le melon, le gingembre et le concombre à l'extracteur de jus en alternant les ingrédients; puis versez le thé vert.
Ajoutez les glaçons directement dans le verre.

Un jus dynamisant grâce à l'action du gingembre et hydratant grâce au concombre et au melon. Astringent, le thé vert est également un puissant antioxydant, il contribue à la beauté de la peau tout en préservant son élasticité.

COCKTAIL
« tout va bien ! »

Préparation 00:05
Pour 1 grand verre

1 grappe de groseilles • 1 poignée de cassis
1 pomme granny-smith • 1 poire • 2 feuilles de menthe

Lavez et égrainez les groseilles.
Lavez les cassis.
Lavez la pomme et la poire et coupez-les en quartiers.
Rincez les feuilles de menthe.
Passez le tout à l'extracteur de jus.

Le cassis et la groseille renferment dans leurs graines un acide gras oméga-6 (l'acide gamma-linolénique) qui prévient les crampes et soulage en cas de crise. Ils sont également très riches en potassium, magnésium, fer, calcium, cuivre, enzymes.

COCKTAIL
épicé

Préparation 00:05
Pour 1 grand verre

1 orange • 1 tomate bien mûre • 15 cm de céleri branche
1 pincée de piment de Cayenne • 1 pincée de sel au céleri

Épluchez l'orange.
Lavez la tomate.
Lavez le céleri et coupez-le en tronçons.
Passez le tout à l'extracteur de jus.

Tous les piments contiennent une substance appelée « capsaïcine », qui va agir sur la graisse stockée au niveau du foie.

JUS DE BETTERAVE,
myrtilles et rose

Préparation 00:05
Pour 1 grand verre

1/2 betterave • 1 orange • 100 g de myrtilles
1/2 c. à café d'eau de rose

Épluchez la betterave et l'orange, puis coupez-les en morceaux.
Passez-les à l'extracteur de jus en alternant avec les myrtilles.
Ajoutez l'eau de rose au jus obtenu et mélangez bien.

L'eau de rose a des vertus digestives, qui, combinées à la betterave, soulageront votre estomac.

eau de
rose

Jus D'AUTOMNE

BANANE - POIRE

JUS D'ORANGE,
chou, pomme et citron

Préparation 00:05
Pour 1 grand verre

1 orange • 1 citron • 1/4 de chou blanc • 1 pomme

Épluchez l'orange et le citron.
Coupez le chou et la pomme en morceaux.
Passez le tout à l'extracteur de jus en les alternant.

Très riche en vitamine C, ce jus vous apportera l'énergie nécessaire pour tenir toute la journée !

COCKTAIL
apaisant

Préparation 00:05
Pour 1 grand verre

1 pomme de terre • 1/4 de radis noir • 1 branche de céleri
1 carotte • 1 pincée de curcuma

Épluchez la pomme de terre et coupez-la en morceaux.
Lavez le radis, la branche de céleri et la carotte et coupez-les en tronçons.
Passez les légumes à l'extracteur de jus, puis ajoutez le curcuma dans le verre.

Riche en vitamine C, en potassium, en magnésium et en calcium, le jus de radis noir s'avère très efficace pour prévenir et soulager les crises d'arthrite.

NECTAR DE POIRE
et banane

Préparation 00:05
Pour 1 grand verre

1 banane • 1 poire • 10 cl d'eau

Installez le tamis à gros trous sur l'extracteur de jus.
Épluchez la banane et coupez la poire en morceaux.
Commencez par passer la banane à l'extracteur de jus, puis la poire.
Ajoutez ensuite l'eau.

Grâce à sa forte teneur en potassium, ce nectar favorise la concentration et l'apprentissage. Idéal en période d'examens !

JUS DE MÂCHE,
figues et basilic

Préparation 00:05
Pour 1 grand verre

2 poignées de mâche • 5 figues
5 feuilles de basilic • 5 cl d'eau

Lavez bien la mâche et coupez les figues en morceaux.
Passez le tout à l'extracteur de jus en alternant avec le basilic.
Terminez par l'eau.

Si le mélange vous semble trop épais, n'hésitez pas à ajouter un peu d'eau.

JUS DE KALE
et poires

Préparation 00:05
Pour 1 grand verre

3 feuilles de chou kale • 3 poires

Lavez bien les feuilles de chou kale et coupez les poires en morceaux.
Passez le tout à l'extracteur de jus en commençant par le chou kale.

Préférez des poires bien mûres pour ce jus.

COCKTAIL
coco gourmand

Préparation 00:05
Pour 1 grand verre

1 grosse poignée de cresson • 2 carottes
1 tranche d'ananas • 10 cl d'eau de coco

Lavez le cresson.
Lavez les carottes et coupez-les en tronçons.
Passez les fruits et légumes à l'extracteur de jus.
Ajoutez l'eau de coco au mélange.

La noix de coco est réputée pour soigner et faire pousser les cheveux. Consommez-en sous forme de jus ou de lait, en plaçant dans l'extracteur des morceaux de noix de coco, ou encore en eau de coco (eau contenue dans la noix ou vendue dans les magasins bio). En huile, utilisez-la en application sur les cheveux avant votre shampoing, pour hydrater, faire briller, embellir et activer la pousse des cheveux.

JUS DE CAROTTES,
pommes et gingembre

Préparation 00:05
Pour 1 grand verre

300 g de carottes • 3 pommes
1 cm de gingembre frais

Coupez les carottes en tronçons et les pommes en morceaux.
Pelez le gingembre.
Passez le tout à l'extracteur de jus.

Prenez bien soin de conserver la pulpe du jus pour l'incorporer dans des muffins *(voir p. 187)**.*

COCKTAIL DE POMME,
carottes, gingembre et coco

Préparation 00:05
Pour 1 grand verre

1 pomme • 2 carottes • 1 cm de gingembre frais
10 cl de lait de coco

Coupez la pomme et les carottes en morceaux.
Pelez le gingembre.
Passez le tout à l'extracteur de jus en terminant par le lait de coco.

Les saveurs de noix de coco et de gingembre apportent une touche délicieusement exotique à ce cocktail.

JUS MI-FIGUES
mi-raisin

Préparation 00:05
Pour 1 grand verre

10 figues • 100 g de raisin noir

Coupez les figues en deux et égrainez le raisin.
Passez le tout à l'extracteur de jus en les alternant.

Ajoutez un peu d'eau fraîche si le jus vous semble trop épais.

JUS DE CHOU-RAVE,
carotte et mâche

Préparation 00:15
Pour 50 cl

400 g de chou-rave • 1 carotte • 2 pommes à jus
1 poignée de feuilles de mâche (environ 10 g)
1 petit bouquet de persil frais • le jus de 1/2 citron

Lavez et coupez le chou-rave, la carotte et les pommes en morceaux. Rincez la mâche et le persil.
Placez tous ces ingrédients dans l'extracteur, puis extrayez-en le jus. Ajoutez le jus de citron et mélangez.

Commencez par extraire le jus de la mâche et du persil, puis terminez par les végétaux « à jus » : chou-rave, carotte et pommes.

JUS DE POTIRON
et carottes aux épices

Préparation 00:05
Pour 1 grand verre

200 g de potiron • 4 carottes • 1 cm de gingembre frais
1 pincée de cannelle • 1 pincée de noix muscade
1 pincée de vanille en poudre

Épluchez le potiron et coupez la chair en morceaux.
Coupez les carottes en tronçons et pelez le gingembre.
Passez-les à l'extracteur de jus en les alternant.
Ajoutez la cannelle, la noix muscade et la vanille au jus obtenu.
Mélangez bien.

Combiné aux épices, le jus de potiron aide à renforcer vos défenses immunitaires. Et en plus, il est délicieux !

JUS DE BROCOLI,
raisin, kiwis et menthe

Préparation 00:05
Pour 1 grand verre

50 g de brocoli • 50 g de raisin blanc
2 kiwis • 5 feuilles de menthe

Coupez le brocoli en fleurettes et égrainez le raisin.
Épluchez les kiwis et coupez-les en morceaux.
Passez le tout à l'extracteur de jus en alternant avec les feuilles de menthe.

La cuisson fait perdre une grande partie des bienfaits du brocoli. Ici, il est consommé cru et combiné avec du raisin, des kiwis et de la menthe, c'est un vrai délice !

JUS DE POTIRON,
pommes et orange

Préparation 00:05
Pour 1 grand verre

1 tranche de potiron • 1 orange • 2 pommes

Épluchez le potiron et coupez la chair en morceaux.
Épluchez l'orange et coupez-la avec les pommes en morceaux.
Passez le tout à l'extracteur de jus en les alternant.

Ce jus est riche en bêtacarotène, un antioxydant qui peut jouer un rôle dans la prévention du cancer.

JUS D'ORANGES,
pommes et carottes

Préparation 00:05
Pour 1 grand verre

2 oranges • 2 pommes • 2 carottes

Épluchez les oranges et coupez-les en quartiers.
Coupez les pommes et les carottes en morceaux.
Passez le tout à l'extracteur de jus.

Prenez bien soin de conserver la pulpe du jus pour l'incorporer dans des pancakes (voir p. 188).

TOP 8 DES JUS BEAUTÉ !

1

JUS DE CAROTTE, KIWI, CLÉMENTINE ET ORANGE

1 carotte • 1 kiwi • 1 clémentine • 1 orange

Le jus idéal pour une peau en pleine santé ! En effet, le bêta-carotène contenu dans la carotte permet de développer une bonne mine toute l'année, et la vitamine C, très concentrée dans le kiwi et les agrumes, favorise la formation de collagène, assurant ainsi une bonne élasticité de la peau.

PAGE 153

3

NECTAR DE FRUITS ROUGES

50 g de fraises • 30 g de groseilles
50 g de framboises

Extrêmement riches en antioxydants, les fruits rouges permettent de lutter efficacement contre le vieillissement cellulaire et de garder ainsi une peau belle et souple plus longtemps !

PAGE 20

2

JUS D'ORANGE, MANGUE, PAPAYE

1 orange • 1 mangue • 70 g de papaye

La forte teneur en vitamine E de la mangue est essentielle pour avoir de beaux cheveux, mais aussi des ongles résistants et une belle peau ! Onctueux et gourmand, le jus de mangue se boit seul ou en association avec d'autres fruits. N'en consommez pas plus d'un verre par jour : riche et épais, il peut vite peser sur l'estomac.

PAGE 50

4

JUS DE KIWIS, CITRON VERT ET THÉ VERT

1 pincée de thé vert • 1/2 citron vert • 3 kiwis
1/2 c. à café de sirop d'agave

Antioxydant par excellence, le thé vert permet également de lutter efficacement contre le DHT, une hormone responsable de l'acné. La vitamine C contenue dans le citron vert et le kiwi permettent en parallèle de retrouver une peau souple et en bonne santé.

PAGE 153

5

JUS DE BLETTE, FENOUIL, CAROTTES ET MANDARINES

200 g de tiges et de feuilles de blettes • 1 bulbe de fenouil • 4 carottes • 2 mandarines

Cette recette tonique est détoxifiante, grâce à la cerise, chargée en antioxydants et en vitamine C. L'ajout de gingembre, antiviral reconnu, aide à préserver des microbes de saison.

PAGE 10

7

LAIT D'AMANDE

120 g d'amandes • 1 l d'eau minérale
1 c. à soupe de sirop d'agave (facultatif)

Le lait d'amande, très riche en magnésium, est tout à fait indiqué pour lutter contre la chute de cheveux et permet également de renforcer les ongles et les dents. Ses vertus antioxydantes préviennent par ailleurs le vieillissement prématuré de la peau.

PAGE 172

6

COCKTAIL DE TOMATES, PASTÈQUE ET MENTHE

3 tomates • 1 tranche de pastèque
5 feuilles de menthe

La forte teneur en eau de la tomate (94 %) et de la pastèque (92 %) en fait les alliés idéaux d'une peau bien hydratée. Par ailleurs, la tomate permet également de lutter contre l'acné grâce à sa teneur en lycopène, et la menthe prévient bon nombre d'inflammations cutanées, telles que l'eczéma.

PAGE 56

8

JUS DE CAROTTES, PAMPLEMOUSSE ET GINGEMBRE

1 pamplemousse • 1 cm de gingembre frais
3 carottes

Bourré de vitamines A et C, ce jus a également des vertus anti-inflammatoires grâce au gingembre frais. Ce dernier lutte en outre contre le vieillissement des cellules et aide ainsi à garder une peau éclatante.

PAGE 143

JUS DE CAROTTES, concombre et épinards

Préparation 00:05
Pour 1 grand verre

50 g d'épinards frais • 2 carottes
1 concombre • 10 feuilles de menthe

Lavez bien les épinards et coupez les carottes et le concombre en tronçons.
Passez le tout à l'extracteur de jus en alternant avec les feuilles de menthe.

Le jus d'épinards nettoie et contribue à régénérer l'appareil intestinal. Ce jus est donc à consommer sans modération en cas de problèmes digestifs.

JUS DE POIRES et prunes

Préparation 00:05
Pour 1 grand verre

2 poires • 8 prunes

Coupez les poires en morceaux et ôtez les noyaux des prunes.
Passez le tout à l'extracteur de jus en les alternant.

Si le jus est trop épais, n'hésitez pas à passer un peu d'eau fraîche dans l'extracteur ou bien une pomme coupée en quartiers.

COCKTAIL DE POTIRON, orange et gingembre

Préparation 00:05
Pour 1 grand verre

200 g de potiron • 1 orange
1 cm de gingembre frais

Épluchez le potiron et coupez-le en morceaux.
Épluchez l'orange et le gingembre.
Passez le tout à l'extracteur de jus.

Vous pouvez mettre plus ou moins de gingembre selon vos goûts.

COCKTAIL DE CAROTTES, céleri, betterave et persil

Préparation 00:05
Pour 1 grand verre

2 carottes • 1 branche de céleri
1/2 betterave crue • 2 brins de persil

Coupez les carottes et le céleri en tronçons.
Épluchez la betterave et coupez-la en morceaux.
Passez le tout à l'extracteur de jus en alternant avec le persil.

Si vous pouvez vous procurer des betteraves avec leurs feuilles, n'hésitez pas à passer ces dernières à l'extracteur, elles sont riches en minéraux et en vitamine C.

COCKTAIL
pomme et betterave

Préparation 00:05
Pour 1 grand verre

1 pomme golden • 1 betterave
1 tomate • 1 carotte

Lavez la pomme et coupez-la en quartiers.
Coupez la betterave et la tomate en morceaux.
Lavez la carotte et coupez-la en tronçons.
Passez le tout à l'extracteur de jus.

Très riche en minéraux de toutes sortes (surtout en potassium) et en vitamine C, la betterave aide à soulager les crises d'arthrose et d'arthrite.
Elle se marie sans problème à d'autres fruits et légumes pour la réalisation de vos jus. Légèrement et naturellement sucrée, ni âpre ni acide, elle serait même un légume gourmand !

JUS DE POMMES,
poire et pruneaux

Préparation 00:05
Pour 1 grand verre

2 pommes • 1 poire • 5 pruneaux

Coupez les pommes et la poire en quartiers, puis ôtez les noyaux des pruneaux.
Passez le tout à l'extracteur de jus en les alternant.

Ajoutez un peu de cannelle pour un jus au bon goût d'automne qui soignera vos problèmes de digestion.

JUS DE MÛRES,
poire et raisin

Préparation 00:05
Pour 1 grand verre

1 poire • 150 g de raisin noir • 100 g de mûres

Coupez la poire en quartiers et égrainez le raisin.
Passez les mûres, les morceaux de poire et les grains de raisin à l'extracteur de jus en les alternant.

Ce jus est une bonne source de substances flavonoïdes, connues pour jouer un rôle favorable dans la prévention des maladies cardio-vasculaires.

JUS DE CÉLERI,
prunes, oranges et cresson

Préparation 00:15
Pour 50 cl

100 g de céleri branche • 20 g de cresson
200 g de prunes dénoyautées • 6 oranges

Lavez le céleri branche ainsi que le cresson, puis dénoyautez les prunes. Pelez les oranges et coupez-les en quatre.
Placez le tout dans l'extracteur pour extraire le jus des végétaux. Dégustez aussitôt.

Ce savoureux jus de fin d'automne est vitaminé (vitamine C notamment) et possède des vertus détox grâce aux principes amers contenus dans le céleri et le cresson. L'ajout de fruits permet d'adoucir sa saveur tout en conservant ses propriétés revitalisantes et détox.

JUS DE POMMES, *poires et cannelle*

Préparation 00:05
Pour 1 grand verre

2 pommes • 2 poires • 1 pincée de cannelle

Coupez les pommes et les poires en morceaux. Passez-les en les alternant à l'extracteur de jus. Ajoutez la cannelle au jus obtenu et mélangez bien.

N'hésitez pas à ajouter une c. à café de miel pour un jus encore plus gourmand.

JUS D'ORANGE *aux deux raisins*

Préparation 00:05
Pour 1 grand verre

1 petite grappe de raisin noir
1 petite grappe de raisin blanc • 1 orange

Égrainez les raisins noir et blanc.
Épluchez l'orange et coupez-la en morceaux.
Passez le tout à l'extracteur de jus en les alternant.

Attention aux pesticides sur le raisin ! Choisissez-le impérativement bio !

JUS DE BETTERAVE *et concombre*

Préparation 00:05
Pour 1 grand verre

1 betterave • 1/2 citron • 1/2 concombre

Épluchez la betterave et le citron, puis coupez-les en morceaux.
Coupez le concombre en tronçons.
Passez le tout à l'extracteur de jus.

Lavez votre extracteur tout de suite après avoir réalisé ce jus pour éviter que la betterave ne le colore.

JUS DE POMMES, *kale et céleri*

Préparation 00:05
Pour 1 grand verre

2 pommes • 2 branches de céleri
1/2 citron • 3 feuilles de chou kale

Coupez les pommes en morceaux et le céleri en tronçons.
Épluchez le citron.
Passez le tout à l'extracteur de jus en les alternant.

Pour éviter tout blocage de l'appareil, coupez les branches de chou kale en morceaux.

JUS DE BETTES
et pomme

Préparation 00:05
Pour 1 grand verre

2 bettes (feuilles et côtes)
1 pomme • 1/4 de citron

Lavez les bettes et coupez la pomme en morceaux.
Passez le tout à l'extracteur de jus avec le citron (non épluché).

Pour éviter le blocage de l'appareil, coupez les bettes en morceaux avant de les insérer.

VELOUTÉ
du marchand de sable

Préparation 00:05
Pour 1 grand verre

1 grosse carotte • 1/2 banane • 1 figue fraiche ou séchée
2 dattes • 100 g de potimarron cuit

Lavez la carotte et coupez-la en tronçons.
Épluchez la banane. Lavez les figues.
Passez la carotte, la banane, les figues et les dattes à l'extracteur de jus.
À part, mixez les morceaux de potimarron cuit, puis ajoutez le jus obtenu dans le mixeur.
Mixez ensemble.

L'action antioxydante du jus de potimarron est bénéfique pour les cellules et contribue à en ralentir le vieillissement. C'est un excellent jus pour les seniors, pris seul ou en association. Riches en vitamines du groupe B (le potimarron) et en provitamine A (la carotte), le potimarron et la carotte provoquent une forte sécrétion de sérotonine, qui favorise la venue du sommeil.

JUS DE CAROTTE,
pomme et betterave

Préparation 00:05
Pour 1 grand verre

1 carotte • 1 pomme • 1/4 de betterave crue

Coupez la carotte en tronçons et la pomme en quartiers.
Épluchez la betterave.
Passez la carotte et la pomme à l'extracteur de jus, puis ajoutez la betterave.

Lavez votre extracteur tout de suite après avoir réalisé ce jus pour éviter que la betterave ne le colore.

JUS DE CONCOMBRE, *poire et kale au piment vert*

Préparation 00:05
Pour 1 grand verre

1 poivron vert • 1 concombre • 1 poire
3 feuilles de kale • 1/2 à 1 piment vert

Retirez les graines du poivron, coupez-le en morceaux ainsi que le concombre et la poire.
Passez tous les ingrédients à l'extracteur de jus en les alternant.
Goûtez et ajoutez du piment vert selon votre goût.

Les fruits et légumes verts sont bénéfiques pour la santé des yeux grâce, entre autres, à la lutéine qu'ils contiennent. Consommez-en au minimum une petite portion chaque jour.

COCKTAIL *mimosa*

Préparation 00:05
Pour 1 grand verre

2 mandarines
10 cl de champagne

Prélevez deux bandes de zeste sur la peau des mandarines et retaillez-les de façon régulière.
Épluchez les mandarines, passez-les à l'extracteur de jus.
Complétez en versant directement le champagne bien frais dans le verre, décorez avec le zeste de mandarine

Avec les fruits orange, faites le plein de provitamine A (ou bêtacarotène), de flavonoïdes et de vitamine C pour renforcer vos défenses immunitaires.
La provitamine A se transforme, dans l'organisme, en vitamine A.

NECTAR DE BANANE *et noisette*

Préparation 00:05
Pour 1 grand verre

1 banane • 20 cl de lait de noisette (voir p. 142)

Installez le tamis à gros trous sur l'extracteur de jus.
Épluchez la banane.
Passez-la à l'extracteur de jus.
Versez le lait de noisette dans l'extracteur pour obtenir une boisson onctueuse.

Ce délicieux nectar est idéal après le sport ou pour un petit déjeuner énergétique.

BOISSON AUX AMANDES *et aux figues*

Préparation 00:05
Trempage 12:00
Pour 1 grand verre

50 g d'amandes • 100 g de figues • 50 cl d'eau

Faites tremper les amandes toute une nuit dans de l'eau froide.
Égouttez-les.
Coupez les figues en deux.
Passez les amandes à l'extracteur de jus tout en versant l'eau et en incorporant les figues.

Pour une boisson express, vous pouvez utiliser du lait d'amande tout préparé en le versant dans l'extracteur en même temps que les figues.

JUS DE POMME,

betterave et carottes

Préparation 00:05
Pour 1 grand verre

1 pomme • 1/2 betterave • 2 carottes • 1 branche de céleri

Lavez la pomme et coupez-la en quartiers.
Coupez la betterave en morceaux.
Lavez les carottes et la branche de céleri et coupez-les en tronçons.
Passez le tout à l'extracteur de jus.

Au début du printemps ou avant de partir en vacances et faire bronzette, préparez votre peau au soleil grâce au jus de carottes. Faites une cure un mois avant, à raison de 2 verres par jour de jus de carottes fraîchement extrait. Grâce à la provitamine A qu'il contient en quantité, vous éviterez ainsi les coups de soleil et obtiendrez un superbe bronzage uniforme.

JUS ÉNERGISANT DE KALE,

ananas et poires

Préparation 00:05
Pour 1 grand verre

180 g d'ananas • 1 poire • 100 g de kale
1 c. à café de miel liquide

Pelez l'ananas, coupez-le en morceaux ainsi que la poire.
Passez tous les ingrédients à l'extracteur de jus en les alternant, puis ajoutez le miel au jus.

Très riche en vitamine K et en calcium, le kale agit sur la circulation sanguine, renforce les os et les articulations. La poire quant à elle, apporte les vitamines A, B, C et E ainsi que de l'acide folique qui favorise le renouvellement cellulaire. Le miel est un antiseptique naturel et un très bon antioxydant.

JUS VERT

à la menthe

Préparation 00:05
Pour 1 grand verre

1 courgette • 1 pomme • 50 g d'épinards frais
1/4 de citron • 1 brin de menthe

Coupez la courgette et la pomme en morceaux.
Lavez bien les épinards et épluchez le citron.
Passez le tout à l'extracteur de jus avec les feuilles de menthe.

Ce jus très peu calorique est l'allié des régimes minceur. Avec son bon goût de menthe, il est également très rafraîchissant.

COCKTAIL
antichute de cheveux

Préparation 00:05
Pour 2 verres

1 poivron vert • 1/2 concombre • 4 tomates

Équeutez le poivron, lavez-le et coupez-le en morceaux.
Lavez le concombre et les tomates et coupez-les en morceaux.
Passez le tout à l'extracteur de jus.

Grâce à sa forte teneur en soufre et en silicium, le concombre a d'importantes propriétés antichute des cheveux. Un peu avant les saisons charnières (printemps et automne) ou en traitement lors d'une chute de cheveux avérée, consommez-le en cure préventive, à raison de 2 verres de jus de concombre par jour durant 8 jours, puis diminuez à 1 verre par jour pendant une autre semaine (attention, le concombre a des effets laxatifs). Ce jus étant un peu fade, vous pouvez l'associer à de la carotte ou du citron pour encore plus de vertus.

JUS DE POMMES
chaud aux épices

Préparation 00:05 • Infusion 00:10
Pour 1 grand verre

3 pommes • 1/2 citron • 1 bâton de cannelle
2 clous de girofle

Coupez les pommes en quartiers, épluchez le citron et coupez-le en morceaux.
Passez-les à l'extracteur de jus.
Versez le jus obtenu dans une casserole et ajoutez le bâton de cannelle et les clous de girofle.
Faites chauffer à feu très doux et laissez infuser 10 minutes.
Retirez la cannelle et les clous de girofle, puis dégustez bien chaud.

Ce jus chaud aux douces saveurs sera l'allié idéal de vos longues soirées automnales.

JUS HYDRATANT
de concombre, poireau, épinards et persil

Préparation 00:05
Pour 1 grand verre

60 g d'épinards • 1 concombre • 1 blanc de poireau
5 brins de persil

Lavez et essorez les épinards.
Coupez le concombre et le blanc de poireau en morceaux.
Passez tous les ingrédients à l'extracteur de jus en les alternant.

Riche en sels minéraux, diurétique, le poireau contribue également à purifier les intestins. Hydratant, le concombre apporte lui aussi une bonne dose de minéraux ainsi que des oligo-éléments.

JUS DE BETTERAVE,
pommes, gingembre et cannelle

Préparation 00:15
Pour 50 cl

200 g de betterave rouge crue • 5 pommes à jus
1 petit morceau de gingembre frais • 1 pincée de cannelle en poudre • le jus de 1/2 citron

Lavez la betterave et les pommes, puis coupez-les en morceaux. Rincez le gingembre. Placez ces ingrédients dans l'extracteur pour en extraire le jus. Ajoutez la cannelle et le jus de citron, puis mélangez. Dégustez aussitôt.

Voici un jus rose automnal, véritable coup de pouce antioxydant et anti-inflammatoire. Et surtout, n'ayez pas peur du goût prononcé de la betterave : ses saveurs se mêlent délicatement à celles de la pomme et des épices.

JUS DE POMME, raisin et concombre

Préparation 00:05
Pour 1 grand verre

1 pomme • 1/2 concombre • 200 g de raisin blanc

Coupez la pomme et le concombre en morceaux puis égrainez le raisin.
Passez tous les ingrédients à l'extracteur de jus en les alternant.

Le jus de raisin intervient comme apaisant général pour les maladies cardiaques. Il agit sur les palpitations et abaisse la pression sanguine. L'association raisin, pomme et banane est excellente.

SANGRIA

Préparation 00:15 • Repos 02:00
Pour 1 grand verre

1 citron ½ • 1 orange ¼ • 1 pomme • 1/4 de gousse de vanille • 10 cl de vin rouge corsé • 3 cl de Cointreau® 10 g de sucre en poudre • 1 pincée de cannelle

Coupez le demi-citron et le quart d'orange en morceaux, réservez-les.
Épluchez le citron et l'orange, coupez-les en morceaux ainsi que la pomme.
Passez-les à l'extracteur en les alternant.
Ouvrez la gousse de vanille, extrayez les graines avec la pointe d'un petit couteau.
Dans un récipient muni d'un couvercle, mélangez le vin rouge, le Cointreau® et le sucre, ajoutez le jus de fruits ainsi que la cannelle, la gousse et les graines de vanille et les fruits coupés en morceaux.
Refermez le récipient et laissez macérer au frais pendant au moins 2 heures.

Ajoutez 1 pincée de cannelle à vos jus ! Réputée pour être un coupe-faim, elle est aussi un puissant antioxydant qui stimule l'organisme, permettant ainsi une meilleure utilisation de l'insuline et régulant la glycémie. Sans oublier ses vertus anticancéreuses !

JUS D'ORANGE, pamplemousse, ananas et menthe

Préparation 00:05
Pour 1 grand verre

1 orange sanguine • 1 pamplemousse 120 g d'ananas • 2 brins de menthe

Épluchez l'orange, le pamplemousse et l'ananas.
Passez tous les ingrédients à l'extracteur de jus en les alternant.

Un jus dynamisant, très riche en vitamine C auquel l'ananas ajoute ses propriétés anti-inflammatoires tout en contribuant à l'amélioration du système immunitaire.

JUS DE RAISIN, gingembre et vanille

Préparation 00:15
Pour 50 cl

600 g de raisin blanc 1 morceau de gingembre frais • 1 gousse de vanille

Rincez le raisin blanc, le gingembre et la gousse de vanille.
Placez le tout dans l'extracteur. Extrayez le jus, puis dégustez.

Ce nectar de fin d'été constitue une boisson détox très gourmande. Les propriétés du gingembre sur le bon fonctionnement du système digestif, l'action drainante du raisin fraîchement pressé ainsi que la haute teneur de ce fruit en antioxydants (concentrés dans les pépins) font de ce jus une véritable boisson santé.

TOP 8 DES JUS
POUR ACCOMPAGNER UN POISSON

1

BLOODY MARY

4 tomates • 1/2 branche de céleri • 4 cl de vodka 2 gouttes de Tabasco® • 2 c. à café de sauce Worcestershire • 1 c. à café de jus de citron 1 pincée de sel • quelques glaçons

Un cocktail salé et relevé, à servir en apéritif accompagné de rillettes de thon au piment d'Espelette.

PAGE 36

2

JUS DE BETTERAVE ET CONCOMBRE

1 betterave • 1/2 citron • 1/2 concombre

Un jus délicatement sucré et très rafraîchissant, qui s'accordera bien avec un poisson fumé.

PAGE 107

3

MARGARITA CONCOMBRE ET CITRON VERT

2 c. à soupe de jus de citron • 1 c. à café rase de sel 1/2 citron vert • 1/2 concombre • 2 branches de menthe • 4 cl de tequila • 1 c. à café de sirop d'agave • 1 poignée de glace pilée

Idéal en été, bien frappée, et en accompagnement d'un ceviche très frais et citronné !

PAGE 128

4

JUS DE FENOUIL, MÂCHE, ORANGES ET CARDAMOME

1 bulbe de fenouil • 30 g de mâche 1 gousse de cardamome • 4 oranges

La saveur anisée du fenouil, relevée par l'acidité de l'orange et le piquant de la cardamome, se mariera parfaitement à un poisson de mer cuisiné au four, type daurade ou maquereau.

PAGE 120

5

JUS DE COURGETTES, LAITUE, AIL ET PERSIL

1 coeur de laitue • 1 poignée de laitue • 2 petites courgettes • 1/2 gousse d'ail • 2 brins de persil

Les saveurs prononcées de l'ail et du persil, adoucis par la laitue et la courgette, s'associeront harmonieusement avec des coquillages comme des saint-jacques poêlées ou encore un plat de pasta alle vongole.

PAGE 41

6

JUS DE TOMATES ET BASILIC

4 tomates • 1/2 citron • 1 brin de basilic

Ce jus délicatement acidulé sera à déguster en accompagnement d'un aïoli ou d'une plancha de sardines, pour un repas aux accents du Sud !

PAGE 62

7

JUS D'ANANAS ET VANILLE

1/4 d'ananas • vanille en poudre

Pour un repas aux saveurs exotiques, servez ce jus accompagné de crevettes ou avec des gambas sautées, au curry et lait de coco par exemple.

PAGE 139

8

COCKTAIL LITCHIS, ANETH AU CHAMPAGNE

10 litchis • 1/2 citron vert • 1 brin d'aneth
5 cl de champagne bien frais

Le mélange aneth et champagne adouci par le litchi s'associera volontiers avec un poisson gras de type saumon ou truite, pour un repas de fête !

PAGE 172

JUS DE CAROTTES, papaye et betterave

Préparation 00:05
Pour 1 grand verre

150 g de papaye • 2 carottes
1/2 betterave • 1/2 orange

Retirez la peau et les graines de la papaye. Coupez les carottes et la betterave en morceaux. Épluchez l'orange et coupez-la en segments. Passez le tout à l'extracteur de jus en alternant les ingrédients.

La papaye contient une enzyme, la papaïne, utilisée pour réguler la digestion, prévenir et soigner les troubles digestifs.

JUS DE FENOUIL, mâche, oranges et cardamome

Pour 50 cl
Préparation 00:15

1 bulbe de fenouil • 30 g de mâche • 4 oranges
1 gousse de cardamome

Rincez le fenouil ainsi que la mâche. Épluchez les oranges et coupez-les en quatre. Retirez les graines de la gousse de cardamome. Placez le tout dans l'extracteur, puis extrayez le jus. Dégustez aussitôt.

Voici un jus très frais aux délicieuses saveurs mentholées et anisées. Riche en vitamine C, pourvu de vertus digestives et carminatives, il est parfait pour optimiser le confort intestinal.

JUS DE POMMES
et raisin

Préparation 00:05
Pour 1 grand verre

2 pommes • 60 g de raisin vert
1/4 de citron

Coupez les pommes en quartiers et égrainez le raisin.
Passez le tout à l'extracteur de jus avec le citron (non épluché).

Prenez garde à utiliser un citron bio pour cette recette où le citron garde son écorce.

JUS DÉTENTE

Préparation 00:05
Pour 2 verres

2 bananes • 2 goyaves • 4 figues • 4 cerneaux de noix

Épluchez les bananes et les goyaves.
Lavez les figues.
Coupez les fruits en morceaux et passez le tout à l'extracteur de jus.

Le jus de goyave est l'un des plus riches en vitamine C, la vitamine que nous dépensons le plus pour combattre le stress. La peau de la goyave ne se consomme pas.

DÉLICE de pommes

Préparation 00:05
Pour 1 grand verre

1 citron vert • 1 pomme pink lady • 1 pomme golden 1 pomme granny-smith • 1/2 banane • 1/2 poire

Épluchez le citron et la banane.
Coupez les fruits en morceaux et passez le tout à l'extracteur de jus.

Saviez-vous que la pomme protège le cœur ? Sa richesse en potassium, un minéral indispensable au cœur, fait de ce jus un allié incomparable pour la prévention et la bonne santé du cœur.

JUS DE POMME, concombre et fenouil

Préparation 00:05
Pour 1 grand verre

1 pomme granny-smith • 1/2 concombre 1/2 fenouil

Coupez la pomme, le concombre et le fenouil en morceaux.
Passez-les à l'extracteur de jus en les alternant.

Pour un jus plus fort, ajoutez un brin de persil.

CIDRE DE CITROUILLE et gingembre

Préparation 00:05
Pour 1 grand verre

300 g de citrouille • 3 pommes 15 cm de racine de gingembre

Épluchez et retirez les grains de la citrouille, coupez-la en morceaux ainsi que les pommes.
Pelez le gingembre.
Passez tous les ingrédients à l'extracteur de jus en les alternant.

Riche en bêtacarotène, les propriétés antioxydantes de la citrouille préviendraient le cancer. Comme la carotte, elle agit sur le teint et l'élasticité de la peau ainsi que sur la qualité de la vue.

CIDRE DE CRESSON
et persil

Préparation 00:05
Pour 1 grand verre

50 g de cresson • 1 orange • 2 pommes
1/2 branche de céleri • 1/2 bouquet de persil

Rincez et essorez le cresson.
Épluchez l'orange, coupez-la en morceaux ainsi que les pommes et le céleri.
Passez tous les ingrédients à l'extracteur de jus en les alternant.

Le cresson aux vertus antioxydantes est très riche en vitamine C et en calcium, il renforce le système immunitaire et les os, agit sur la qualité de la peau et améliore la vue.

JUS D'ANANAS,
cresson, concombre et gingembre

Préparation 00:05
Pour 1 grand verre

50 g de cresson • 1,5 cm de gingembre
150 g d'ananas • 1/2 citron vert • 1/2 concombre
quelques glaçons

Rincez et essorez le cresson.
Épluchez le gingembre, l'ananas ainsi que le citron vert.
Coupez l'ananas et le concombre en morceaux.
Passez tous les ingrédients à l'extracteur de jus en les alternant.
Ajoutez les glaçons directement dans le verre.

Hydratant et énergisant, ce jus apporte une bonne dose de vitamine C grâce au cresson qu'il contient.

JUS DE FENOUIL,
orange, pomme et carotte

Préparation 00:05
Pour 1 grand verre

1/4 de bulbe de fenouil
1 pomme • 1 carotte • 1 orange

Coupez le fenouil, la pomme et la carotte en morceaux
Épluchez l'orange et coupez-la en quartiers.
Passez-les à l'extracteur de jus en les alternant.

Ce jus, en plus d'être bourré de vitamines, possède des vertus antioxydantes. À consommer sans modération !

JUS DE POIRE, RAISIN
et orange à l'infusion de citronnelle

Préparation 00:10 • Repos : 00:40
Pour 1 grand verre

1 tige de citronnelle • 1/2 orange • 1 poire • 150 g de raisin

Retirez l'écorce extérieure de la tige de citronnelle. Coupez-la en morceaux, écrasez-les légèrement. Disposez-les dans une tasse, ajoutez 10 cl d'eau bouillante, couvrez et faites infuser pendant 15 minutes.
Filtrez et laissez complètement refroidir.
Épluchez l'orange, coupez-la en morceaux ainsi que la poire et égrainez le raisin. Passez les ingrédients à l'extracteur de jus en les alternant, puis terminez en versant la tisane de citronnelle.

Antibactérienne et antidouleur, la citronnelle agit également contre le stress et les états fébriles tout en apportant du tonus à l'organisme.

COCKTAIL
« taille de guêpe »

Préparation 00:05
Pour 1 grand verre

1 pomme Golden • 1 bulbe de fenouil
1 citron • 1 petite branche de céleri

Lavez la pomme et le fenouil, et coupez-les en morceaux.
Épluchez le citron.
Lavez la branche de céleri et coupez-la en tronçons.
Passez le tout à l'extracteur de jus.

Excellent diurétique, le fenouil, qui agit sur la dégradation des graisses, régule leur taux dans le sang et permet l'évacuation de l'eau stockée dans nos cellules. Ajoutons à cela qu'il purifie le foie et nettoie le système digestif. Il est riche en potassium, en vitamines B6, B9 (ou acide folique), en zinc et phyto-oestrogènes.

JUS DE FENOUIL,
pommes et citron vert

Préparation 00:15
Pour 50 cl

2 gros bulbes de fenouil
2 pommes à jus • 1 citron vert

Rincez le fenouil et les pommes, puis coupez-les en morceaux. Coupez le citron vert (sans le peler) en quatre.
Placez le tout dans l'extracteur. Extrayez le jus des végétaux et dégustez aussitôt.

Ce délicieux jus vert se consommera aussi bien à l'apéritif qu'en monodiète. Il possède des vertus drainantes et diurétiques grâce au fenouil.
Les délicieuses saveurs anisées de cette boisson devraient même ravir les papilles non adeptes des jus verts !

GREEN TONIC

Préparation 00:05
Pour 1 grand verre

1 citron vert • 1/2 concombre • 1/2 courgette
1 branche de céleri • 1 branche de menthe • 5 cl de gin
1 c. à café de sirop de sucre de canne • 10 cl de Perrier®
quelques glaçons

Épluchez le citron vert, coupez le concombre, la courgette et le céleri en morceaux.
Passez-les à l'extracteur de jus ainsi que le citron vert et la menthe.
Ajoutez dans le verre le gin et le sirop de sucre de canne, mélangez, puis complétez avec le Perrier® et les glaçons.

Le jus de céleri abaisse le taux de mauvais cholestérol et de triglycérides. Diurétique et dépuratif, il aide à éliminer les graisses grâce aussi à son pouvoir rassasiant. Vous pouvez l'associer aux jus de tomate, citron, artichaut ou aloe vera.

MARGARITA
concombre et citron vert

Préparation 00:10 • Pour 1 verre

2 c. à soupe de jus de citron • 1 c. à café rase de sel
1/2 citron vert • 1/2 concombre • 2 brins de menthe
4 cl de tequila • 1 c. à café de sirop d'agave
1 poignée de glace pilée

Versez le jus de citron dans une petite soucoupe et le sel dans une autre. Passez le bord du verre successivement dans le jus de citron, puis dans le sel. Réservez. Épluchez le citron vert, coupez le concombre en morceaux. Passez ces ingrédients ainsi que les brins de menthe à l'extracteur de jus, en les alternant. Ajoutez la tequila et le sirop d'agave directement au jus et mélangez. Disposez la glace pilée au fond du verre puis versez le liquide.

Un vilain bouton vous gâche la vie ? Utilisez le jus de citron pur comme lotion pour le visage. Le citron resserre les pores et purifie la peau en cas d'acné. (Attention, ce jus est photosensibilisant.)

JUS DE POMME
et choux de Bruxelles

Préparation 00:10
Pour 1 grand verre

1 pomme • 1/2 citron • 1 branche de céleri
50 g de choux de Bruxelles

Coupez la pomme en morceaux et épluchez le citron. Coupez la branche de céleri en tronçons. Passez tous les ingrédients à l'extracteur de jus en les alternant.

Pour bénéficier de toutes les vertus du chou du Bruxelles, choisissez-les bien fermés, d'une belle couleur verte et sans feuilles jaunes.
Le chou de Bruxelles est riche en vitamines et minéraux, il stimule la fonction hépatique, prévient et soigne les problèmes digestifs, aide à lutter contre l'anémie et apporte de l'énergie, il fait partie des aliments anticancéreux.

JUS DE POMMES,
mandarines au rooibos

Préparation 00:05 • Repos : 00:40
Pour 1 grand verre

1 pincée de rooibos • 2 mandarines • 1 pomme

Disposez le rooibos dans une tasse, versez dessus 10 cl d'eau bouillante. Faites infuser à couvert pendant 15 minutes.
Filtrez, puis laissez complètement refroidir.
Épluchez les mandarines et divisez-les en segments.
Coupez la pomme en morceaux.
Passez tous les fruits à l'extracteur de jus en les alternant, puis versez l'infusion de rooibos.

Le rooibos est un thé rouge très consommé en Afrique du Sud. Parmi ses nombreuses vertus, il régule la digestion et agit sur les fonctions respiratoires. Il est aussi excellent pour la peau.

JUS DE POIVRON,
pomme et carotte

Préparation 00:05
Pour 1 grand verre

1 poivron rouge • 1 carotte • 1 pomme

Épépinez le poivron et coupez-le en morceaux.
Coupez la carotte en tronçons et la pomme en quartiers.
Passez le tout à l'extracteur de jus.

Attention, le poivron est l'un des légumes les plus atteints par les pesticides. Prenez garde à le choisir bio !

CIDRE DE GRANNY
smith et laitue

Préparation 00:05
Pour 1 grand verre

1 poignée de feuilles de laitue • 2 pommes granny-smith
1/2 branche de céleri • 1 pincée de sel au céleri

Lavez et essorez les feuilles de laitue, coupez les pommes et le céleri en morceaux.
Passez tous les ingrédients à l'extracteur de jus en les alternant, puis assaisonnez de sel au céleri.

Pour en finir avec la couperose, passez 1 laitue à l'extracteur. Imbibez généreusement un coton avec le jus obtenu et appliquez-le sur les zones touchées de votre visage. Conservez le jus 48 heures au maximum au réfrigérateur. Faites ce soin quotidiennement ou en cure renouvelable de 10 jours. La laitue a des effets adoucissants sur la peau, elle resserre les vaisseaux sanguins et les petits capillaires.

JUS APAISANT
au sureau

Préparation 00:05
Pour 1 grand verre

1/4 de gousse de vanille • 300 g de baies de sureau noir • 2 pommes

Grattez les graines de la gousse de vanille.
Passez le tout à l'extracteur de jus, et ajoutez un peu d'eau si le jus est trop épais.

Expectorant, le jus de sureau noir est excellent pour les bronches qu'il apaise, surtout associé au jus de pommes, en raison de la richesse de la pomme en pectine et en antioxydants (protecteurs du système immunitaire). Véritable trésor de la nature, les vertus du sureau noir sont connues et utilisées depuis l'Antiquité. Ses fleurs et ses baies entrent dans la confection de plats, de jus, de vins, de confitures, d'infusions. On surnomme les fleurs de sureau « la vanille des pauvres », car elles en ont l'arôme.

JUS DE RAISIN,
pommes, curcuma et acérola

Préparation 00:15
Pour 50 cl

300 g de raisin blanc • 3 pommes à jus
20 g de curcuma frais • 5 g de gingembre frais
3 g d'acérola en poudre

Lavez les fruits et les rhizomes. Coupez les pommes en quatre.
Placez tous ces ingrédients dans l'extracteur pour en extraire le jus. Ajoutez l'acérola, puis mélangez. Dégustez aussitôt.

Ce jus est enrichi en vitamine C grâce à l'acérola et possède des notes étonnantes grâce au mariage curcuma-gingembre. À tester pour découvrir de nouvelles saveurs ainsi que pour son effet coup de fouet et ses exceptionnelles vertus antioxydantes.

JUS ANTIOXYDANT
de grenade, raisin, fleur d'oranger et graines de lin

Préparation 00:05 • Pour 1 grand verre

1 c. à café de graines de lin • 1 grenade
1 orange • 150 g de raisin noir
1 c. à café d'eau de fleur d'oranger

Utilisez un petit mixeur ou un moulin à café pour moudre finement les graines de lin. Coupez la grenade en deux, récupérez les graines. Épluchez l'orange, séparez les segments. Égrainez le raisin. Passez les fruits à l'extracteur de jus en les alternant. Ajoutez les graines de lin mixées et l'eau de fleur d'oranger dans le verre et mélangez.

Grenade, raisin et lin sont connus pour leur action antioxydante sur l'organisme.

Jus D'HIVER

MOCKTAIL ANANAS,
pamplemousse

Préparation 00:10
Pour 1 verre

130 g d'ananas • 1/2 pamplemousse • 5 cl de ginger ale (voir p. 199) • 1/2 c. à café de miel liquide • 5 cl d'eau pétillante • quelques glaçons

Épluchez l'ananas et le pamplemousse, coupez-les en morceaux.
Passez-les à l'extracteur de jus en les alternant.
Mélangez le jus obtenu avec le ginger ale et le miel, puis ajoutez l'eau pétillante et les glaçons.

Champion de l'hydratation ! Très doux pour la peau, l'ananas agit particulièrement sur toutes les zones rugueuses ou desséchées du corps. Il doit cette vertu à sa formidable enzyme, la bromélaïne, qui n'a pas son pareil pour adoucir, régénérer le tissu cutané et éliminer les impuretés.

JUS DE BETTERAVE,
chou rouge, pomme et gingembre

Préparation 00:05
Pour 1 grand verre

1 betterave • 1 petite orange • 1/4 de chou rouge 1 pomme • 1 cm de gingembre frais

Épluchez la betterave et l'orange.
Coupez-les en morceaux ainsi que le chou rouge et la pomme. Pelez le gingembre.
Passez le tout à l'extracteur de jus.

Avec la présence du chou rouge et du gingembre, ce jus est relativement fort. Pour un jus moins corsé, ajoutez une pomme et supprimez le gingembre.

JUS DE POMMES
et kale

Préparation 00:05
Pour 1 grand verre

3 pommes • 4 feuilles de chou kale

Coupez les pommes en quartiers et lavez les feuilles de chou kale.
Passez le kale à l'extracteur de jus, puis les morceaux de pomme.

Le chou kale est un super aliment et l'un des végétaux les plus riches en vitamines et minéraux que l'on puisse trouver. Profitez de ses bienfaits dans ce délicieux jus !

JUS DE BANANE, avocat et kiwi

Préparation 00:05
Pour 1 grand verre

1/2 banane • 1/2 avocat
1 kiwi • quelques feuilles de menthe

Épluchez la banane et coupez-la en tronçons.
Épluchez l'avocat et le kiwi.
Passez le tout à l'extracteur de jus, allongez avec un peu d'eau de source et parsemez de menthe haché.

La banane est riche en potassium, calcium et magnésium, qui lui permettent de lutter efficacement contre la dépression et la tension nerveuse.

COCKTAIL 100 % énergie

Préparation 00:05
Pour 1 grand verre

15 grains de raisin noir • 1 pomme granny-smith
1 fruit de la Passion • 1/2 banane
1 tranche d'ananas frais

Lavez les grains de raisin.
Lavez la pomme et coupez-la en morceaux.
Coupez le fruit de la Passion en deux et récupérez-en la pulpe à l'aide d'une cuillère.
Épluchez la banane et coupez-la en morceaux.
Passez le tout à l'extracteur de jus.

L'une des vertus du raisin est de combattre la fatigue. Il est riche en provitamine A, vitamines (C, du groupe B...) et en minéraux (potassium particulièrement, avec 190 mg pour 100 g de raisin, phosphore, soufre, magnésium, sodium, calcium, chlore, fer, cuivre, zinc). Ses antioxydants sont très puissants (surtout dans le raisin noir).

JUS D'ANANAS et vanille

Préparation 00:05
Pour 1 grand verre

1/4 d'ananas • vanille en poudre

Pelez l'ananas et coupez-le en morceaux.
Passez-les à l'extracteur de jus.
Ajoutez un peu de vanille en poudre pour obtenir un parfum encore plus exotique.

Pour un jus gourmand, ajoutez un peu de lait de coco.

JUS D'ANANAS et radis

Préparation 00:05
Pour 1 grand verre

1/4 d'ananas • 6 radis • 3 brins de persil

Pelez l'ananas, puis coupez la chair en morceaux.
Lavez les radis.
Passez le tout à l'extracteur de jus en alternant avec le persil.

Selon vos goûts, vous pouvez choisir d'intégrer les fanes de radis à votre jus.

JUS DE CHOU ROUGE
et céleri

Préparation 00:05
Pour 1 grand verre

1/2 chou rouge • 1/2 citron • 2 branches de céleri

Coupez le chou rouge et le citron (non épluché) en morceaux et le céleri en tronçons.
Passez le tout à l'extracteur de jus.

Le chou rouge, avec sa saveur un peu piquante, est un légume de choix pour passer l'hiver. Il vous aide à faire le plein de vitamines et à lutter contre les petits rhumes et les baisses d'énergie.

SODA MANGUE,
poire, kiwi

Préparation 00:05
Pour 1 grand verre

1/2 mangue • 1 kiwi • 1 poire
1 pincée de quatre-épices • 25 cl de limonade

Épluchez et dénoyautez la mangue.
Épluchez le kiwi, coupez la poire en morceaux.
Passez les fruits à l'extracteur de jus en les alternant.
Ajoutez une pincée de quatre-épices au jus, mélangez, puis versez la limonade.

Pauvre en sodium, riche en potassium et en polyphénols (notamment en flavonoïdes) et en caroténoïdes, la mangue est un fruit très intéressant pour le cœur.

COCKTAIL DE BROCOLI,
pomme, céleri, citron et gingembre

Préparation 00:05
Pour 1 grand verre

50 g de brocoli • 1 pomme • 1 branche de céleri
1/2 citron • 1 cm de gingembre frais

Lavez le brocoli et coupez-le en fleurettes.
Coupez la pomme, le céleri et le citron (non épluché) en morceaux.
Pelez le gingembre.
Passez le tout à l'extracteur de jus en les alternant.

Ce jus est composé de super aliments comme le brocoli ou le gingembre, qui en font un super cocktail, riche en vitamines, minéraux et antioxydants !

COCKTAIL
exotique

Préparation 00:05
Pour 1 grand verre

1/2 mangue • 1/4 d'ananas • 1 fruit de la Passion

Épluchez la mangue et l'ananas, puis coupez-les en morceaux.
Coupez le fruit de la Passion en deux et récupérez-en la pulpe à l'aide d'une cuillère.
Passez le tout à l'extracteur de jus.

Ajoutez un peu d'eau de coco si le jus obtenu vous semble trop épais.

JUS DE CAROTTES, *pamplemousse et gingembre*

Préparation 00:05
Pour 1 grand verre

1 pamplemousse • 1 cm de gingembre frais
3 carottes

Épluchez le pamplemousse et le gingembre.
Coupez les carottes en tronçons et le pamplemousse en morceaux.
Passez le tout à l'extracteur de jus.

En plus d'être bourrés de vitamines, ce jus possède des propriétés anti-inflammatoires grâce aux flavonoïdes présents dans le pamplemousse.

JUS DE POMME, POIRES *et persil à la muscade*

Préparation 00:05
Pour 1 grand verre

1/2 citron vert • 1 pomme • 1 poire • 1/2 racine de persil
1 bonne pincée de noix de muscade râpée
• quelques glaçons

Épluchez le citron vert.
Coupez la pomme, la poire et la racine de persil en morceaux.
Passez le tout à l'extracteur de jus en alternant les ingrédients.
Transvasez dans un verre, incorporez la muscade et ajoutez les glaçons.

Efficace contre l'acné, le jus de persil nettoiera et purifiera votre peau. Passez à l'extracteur 1 bouquet de persil frais. Appliquez le jus obtenu sur le visage en frottant doucement, puis laissez poser environ 10 minutes avant de rincer à l'eau fraîche.

JUS D'ORANGES, *betterave, carottes et gingembre*

Préparation 00:05
Pour 1 grand verre

2 oranges • 1/2 betterave
1 cm de gingembre frais • 2 carottes

Épluchez les oranges, la betterave et le gingembre.
Coupez tous les fruits et légumes en morceaux.
Passez-les à l'extracteur de jus en les alternant.

Lavez votre extracteur tout de suite après avoir réalisé ce jus pour éviter que la betterave ne le colore.

JUS DE POMMES, *céleri et persil*

Préparation 00:05
Pour 1 grand verre

2 pommes • 2 branches de céleri
2 brins de persil

Coupez les pommes en quartiers et le céleri en tronçons.
Passez le tout à l'extracteur de jus avec le persil en les alternant.

La vitamine C contenue dans le jus de persil favorise l'absorption du fer présent dans ce dernier. N'hésitez pas à ajouter quelques brins de persil dans vos différents cocktails.

JUS
« peau de velours »

Préparation 00:05
Pour 1 grand verre

3 carottes • 2 oranges
1 c. à café de miel d'oranger ou de citronnier

Lavez les carottes et coupez-les en tronçons.
Épluchez les oranges.
Passez les fruits à l'extracteur de jus, puis ajoutez le miel dans le verre.

L'orange contient de nombreux antioxydants qui agissent contre le vieillissement de la peau. Cela est particulièrement utile pour les mains, pour lesquelles il est parfois difficile de dissimuler les effets de l'âge. En association avec de l'huile d'amande douce, le jus d'orange procure aussi à la peau une hydratation optimale.

JUS DE BETTERAVE,
agrumes et gingembre

Préparation 00:05
Pour 1 grand verre

1/2 betterave • 1 pamplemousse
1 orange • 1 cm de gingembre frais

Épluchez la betterave, le pamplemousse, l'orange et le gingembre.
Coupez le tout en morceaux et passez-les à l'extracteur de jus.

Lavez votre extracteur tout de suite après avoir réalisé ce jus pour éviter que la betterave ne le colore.

LAIT
de noisette

Préparation 00:05
Trempage 12:00
Pour 1 l

120 g de noisettes • 1 l d'eau minérale

Faites tremper les noisettes toute une nuit dans de l'eau froide.
Égouttez-les.
Passez les noisettes à l'extracteur de jus tout en versant l'eau minérale.
Le lait de noisette s'écoule ainsi directement.

Pensez à garder l'okara (les « déchets » du lait de noisette) pour l'utiliser dans des recettes *(voir p. 202).*

TOP 8 DES JUS POUR ACCOMPAGNER UNE VIANDE OU UNE VOLAILLE !

1

SANGRIA

1 citron ½ • 1 orange ¼ • 1 pomme
1/4 de gousse de vanille • 10 cl de vin rouge corsé
3 cl de Cointreau® • 10 g de sucre en poudre
1 pincée de cannelle

Bien fraîche, cette sangria sera idéale servie à l'apéritif avec une planche de charcuteries espagnoles.

PAGE 116

3

COCKTAIL ANTIANÉMIQUE TOMATES, CITRON ET CÉLERI

2 tomates bien mûres • 1/2 citron
1 petite branche de céleri

Un jus idéal aux beaux jours, en accompagnement d'un plat de viande rouge froide comme un carpaccio de bœuf mariné au citron et au basilic ou un rosbif froid assaisonné de moutarde.

PAGE 153

2

JUS DE POMMES CHAUD AUX ÉPICES

3 pommes • 1/2 citron • 1 bâton de cannelle
2 clous de girofle

Le sucré-acidulé des pommes et les saveurs des épices se marieront à merveille avec des toasts de brioche au foie gras juste poivrés.

PAGE 115

4

JUS DE PASTÈQUE, POIVRON ET MENTHE

500 g de pastèque • 1 poivron rouge
3 feuilles de menthe

Très frais et désaltérant, ce jus trouvera un bon accord en compagnie de brochettes de poulet grillées, légèrement épicées et citronnées.

PAGE 69

5

CIDRE DE BUTTERNUT AUX ÉPICES

250 g de butternut • 2 pommes • 1,5 cm de gingembre • 1 pincée de cannelle • 1 pincée de muscade fraîchement râpée

On dégustera ce jus mi-sucré mi-épicé façon Thanksgiving, accompagné d'une volaille entière rôtie au four, type dinde ou chapon.

PAGE 154

6

JUS D'ABRICOTS ET PASSION

1 fruit de la Passion • 4 abricots

Comme dans un tajine, on accompagne une épaule d'agneau ou un gigot de ce jus d'abricots, juste relevé par l'acidité du fruit de la Passion pour une note d'exotisme.

PAGE 23

7

JUS D'ORANGE, MANGUE, PAPAYE

1 orange • 1 mangue • 70 g de papaye

Le goût subtil et puissant d'un magret grillé sera sublimé par les saveurs équilibrées, à la fois sucrées et acides, de ce jus.

PAGE 50

8

JUS DE POIVRONS ROUGES, FRAISES ET BASILIC

2 gros poivrons rouges (environ 500 g)
400 g de fraises bien mûres • 30 feuilles de basilic
1 petite rondelle de piment

L'acidité sucrée des fraises et la légère amertume des poivrons rouges s'accommoderont volontiers avec une belle pièce de bœuf juste grillée, si possible à la plancha, et parsemée de fleur de sel.

PAGE 74

JUS D'ORANGES,
fenouil et gingembre

Préparation 00:05
Pour 1 grand verre

2 oranges • 1 cm de gingembre frais
1/2 bulbe de fenouil

Épluchez les oranges et le gingembre, puis coupez le fenouil en morceaux.
Passez le tout à l'extracteur de jus en terminant par le fenouil.

Comme le fenouil est un légume très fibreux, coupez-le en tout petits morceaux pour ne pas bloquer votre appareil.

JUS DE CAROTTES,
pommes, pamplemousse et citron

Préparation 00:05
Pour 1 grand verre

2 carottes • 2 pommes
1 pamplemousse • 1 citron

Coupez les carottes et les pommes en morceaux.
Épluchez le pamplemousse et coupez-le en quartiers.
Coupez le citron (non épluché) en morceaux.
Passez le tout à l'extracteur de jus en les alternant.

Ne pas éplucher le citron vous permet de conserver toutes les vitamines présentes dans son écorce. Attention cependant à choisir un citron bio !

JUS DE POMMES
et navet

Préparation 00:05
Pour 1 grand verre

2 pommes • 1/2 navet

Coupez les pommes et le navet en morceaux.
Passez le tout à l'extracteur de jus en les alternant.

Le navet est très riche en eau et est donc bien adapté pour les jus. N'hésitez pas à l'intégrer à vos différents mélanges, il contient de nombreux minéraux et oligo-éléments.

COCKTAIL
jeunesse

Préparation 00:05
Pour 1 grand verre

100 g de chou rouge • 1 pomme granny-smith
1 carotte • 1 gousse d'ail • 1 pincée de curcuma

Lavez le chou.
Lavez la pomme et coupez-la en quartiers.
Lavez la carotte et coupez-les en tronçons.
Épluchez l'ail.
Passez le tout à l'extracteur de jus.

Le jus d'ail est riche en sélénium, un oligo-élément aux propriétés antioxydantes qui semble conférer une protection contre certains cancers.
Trop puissant à prendre seul en jus, associez-le plutôt à vos cocktails de fruits et légumes (1 ou 2 gousses), toujours cru, bien sûr.

NECTAR DE BANANE, *ananas, mangue et coco*

Préparation 00:05
Pour 1 grand verre

1 banane • 1/2 mangue • 1 tranche d'ananas
10 cl de lait de coco

Installez le tamis à gros trous sur l'extracteur de jus.
Épluchez la banane, la mangue et l'ananas.
Coupez tous ces fruits en morceaux, puis passez-les à l'extracteur de jus.
Terminez par le lait de coco.

Si le jus contient trop de pulpe à votre goût, n'hésitez pas à le filtrer.

JUS D'ORANGES *aux épices*

Préparation 00:05
Pour 1 grand verre

2 oranges • 1 cm de gingembre frais
1 pincée de cannelle • 1 pincée de cardamome

Épluchez les oranges et coupez-les en morceaux.
Pelez le gingembre.
Passez les oranges et le gingembre à l'extracteur de jus.
Ajoutez la cannelle et la cardamome au jus obtenu.
Mélangez bien.

Selon vos goûts, vous pouvez plus ou moins charger ce jus en épices.

COCKTAIL D'ENDIVE, *pomme et carottes*

Préparation 00:05
Pour 1 grand verre

2 carottes • 1 pomme • 6 feuilles d'endive

Coupez les carottes, la pomme et les feuilles d'endive en morceaux.
Passez le tout à l'extracteur de jus en les alternant.

L'endive cumule de nombreux atouts nutritionnels et apportera une délicate amertume à vos jus.

JUS DE PATATE DOUCE, *poire aux quatre-épices*

Préparation 00:05
Pour 1 grand verre

250 g de patate douce • 1 poire • 1 pincée de quatre-épices

Rincez et séchez la patate douce. Coupez-la en morceaux
Coupez la poire en quartiers.
Passez le tout à l'extracteur de jus.
Transvasez dans un verre et saupoudrez de quatre-épices.

*Utilisez la pulpe pour réaliser une purée de patate douce et poire au laurier (**voir p. 182**). Épluchez alors préalablement les légumes et les fruits.*

COCKTAIL << MÉMOIRE >>
açaï, carotte, pomme et ananas

Préparation 00:05
Pour 1 grand verre

1 carotte • 1 pomme Pink Lady • 1 tranche d'ananas
1/2 verre de jus pur d'açaï • 2 gouttes d'extrait de vanille ou 1 cm de gousse de vanille

Lavez et coupez la carotte en tronçons et la pomme en quartiers.
Passez tous les fruits à l'extracteur de jus.
Ajoutez l'extrait de vanille dans le verre (ou les graines de la gousse de vanille) et mélangez.

L'açaï est une petite baie, d'un beau violet foncé et à la saveur de chocolat, originaire d'un palmier poussant en Amérique du Sud. Plusieurs recherches ont été faites sur elle, car sa forte teneur en antioxydants et l'étendue de ses possibilités thérapeutiques en intriguent plus d'un ! On lui a trouvé des vertus protectrices des cellules du cerveau contre les radicaux libres. Il est très difficile, voire impossible, de se procurer des baies d'açaï fraîches sous nos latitudes. En revanche, vous trouverez l'açaï sous forme de jus pur dans les magasins bio.

CIDRE D'ÉPINARDS,
céleri aux graines de chia

Préparation 00:05 • Repos 00:05
Pour 1 grand verre

1 poignée d'épinards • 2 pommes
1 branche de céleri • 1 c. à café de graines de chia

Rincez et essorez les épinards, coupez les pommes et le céleri en morceaux.
Passez le tout à l'extracteur de jus en alternant les ingrédients.
Ajoutez dans le verre les graines de chia et laissez reposer pendant 5 minutes avant de déguster

Riches en fibres, acides aminés, oméga-3 et minéraux, les graines de chia appartiennent à la catégorie des super aliments. Pour bénéficier de leur action coupe-faim, consommez-les trempées quelques minutes dans un liquide afin que leur mucilage se développe.

JUS DE POMME,
grenade et agrumes

Préparation 00:05
Pour 1 grand verre

1/2 pamplemousse • 1 orange
1 pomme • 1/2 grenade

Épluchez le pamplemousse et l'orange.
Coupez la pomme en morceaux et prélevez les graines de la grenade.
Passez le tout à l'extracteur de jus en les alternant.

Ce jus extrêmement riche en vitamines vous offrira un réveil énergétique si vous le consommez dès le petit déjeuner !

JUS DE KIWIS,
citron vert et thé vert

Préparation 00:05 • Repos 00:40
Pour 1 grand verre

1 pincée de thé vert • 1/2 citron vert
3 kiwis • 1/2 c. à café de sirop d'agave

Disposez le thé vert dans une tasse, versez dessus 10 cl d'eau, couvrez et faites infuser pendant 10 minutes.
Filtrez et laissez complètement refroidir.
Épluchez le citron vert et les kiwis, passez-les à l'extracteur de jus en les alternant, puis versez l'infusion de thé vert.
Ajoutez dans le verre le sirop d'agave et mélangez.

Consommer un kiwi par jour aiderait à réduire les méfaits du stress oxydatif.

JUS DE PANAIS
et carotte

Préparation 00:05
Pour 1 grand verre

2 carottes • 1/2 panais • 1 cm de gingembre frais
1 cm de curcuma frais

Coupez les carottes et le panais en morceaux.
Pelez le gingembre et le curcuma.
Passez le tout à l'extracteur de jus en les alternant.

Le panais apporte à ce jus une consistance onctueuse et très douce tandis que les épices en font une boisson riche en antioxydants.

JUS DE CAROTTE,
kiwi, clémentine et orange

Préparation 00:05
Pour 1 grand verre

1 carotte • 1 kiwi
1 clémentine • 1 orange

Coupez la carotte en tronçons et épluchez le kiwi, la clémentine et l'orange.
Passez le tout à l'extracteur de jus en les alternant.

Idéal pour l'hiver, ce jus vous aidera à renforcer votre système immunitaire et ainsi à lutter contre les petits désagréments hivernaux.

COCKTAIL ANTIANÉMIQUE
tomates, citron et céleri

Préparation 00:05
Pour 1 grand verre

2 tomates bien mûres
1 petite branche de céleri • 1/2 citron

Lavez et coupez les tomates et le céleri en morceaux.
Épluchez le citron.
Passez le tout à l'extracteur de jus.

Le jus de tomate vous apportera non seulement de la provitamine A (ou bêtacarotène) et de la vitamine C, mais en plus une substance exceptionnelle qui lui est propre : le lycopène. Celui-ci est reconnu pour ses vertus protectrices contre les cancers, notamment ceux du poumon et de la prostate.

SODA ORANGE SANGUINE, pamplemousse et myrtilles

Préparation 00:05
Pour 1 grand verre

1/2 pamplemousse • 1 orange sanguine
50 g de myrtilles • 5 cl d'eau pétillante
quelques glaçons

Épluchez le pamplemousse et l'orange sanguine, divisez-les en segments.
Passez-les à l'extracteur de jus ainsi que les myrtilles, en alternant les ingrédients.
Ajoutez les glaçons dans le verre et complétez avec l'eau pétillante.

Riche en provitamine A, le jus de myrtilles agit tout particulièrement sur la vision nocturne, en stimulant la production de rhodopsine (pigment rétinien).

JUS MULTIVITAMINÉ orange, citron, pomme et carotte

Préparation 00:05
Pour 1 grand verre

1 orange • 1/4 de citron • 1 pomme • 1 carotte

Épluchez l'orange et le citron.
Coupez la pomme en quartiers et la carotte en tronçons.
Passez le tout à l'extracteur de jus.

Un jus bourré de vitamines, idéal au petit déjeuner !

CIDRE DE BUTTERNUT aux épices

Préparation 00:05
Pour 1 grand verre

250 g de butternut • 2 pommes • 1,5 cm de gingembre
1 pincée de cannelle • 1 pincée de muscade
fraîchement râpée

Retirez la peau de la butternut, coupez la chair en dés.
Coupez les pommes en morceaux et épluchez le gingembre.
Passez le tout à l'extracteur de jus en alternant les ingrédients, puis ajoutez les épices directement dans le verre.

Le jus de courge aide à renforcer les défenses immunitaires. Riches en caroténoïdes, les courges améliorent la vue et ont une action sur la peau et le teint.

JUS DE POMME, papaye à l'infusion de fleur de sureau

Préparation 00:05 • Repos 00:40
Pour 1 grand verre

1 c. à café de fleurs de sureau déshydratées
1/2 papaye • 1 pomme • 1/2 c. à café de miel

Disposez les fleurs de sureau dans une tasse, versez dessus 10 cl d'eau bouillante, couvrez et faites infuser pendant 10 minutes.
Filtrez et laissez complètement refroidir.
Coupez la papaye et la pomme en morceaux.
Passez-les à l'extracteur de jus en les alternant, puis versez la tisane.
Ajoutez le miel dans le verre et mélangez.

Les fleurs de sureau possèdent des propriétés antioxydantes, anti-inflammatoires ainsi que des vertus diurétiques. Recommandées en cas d'allergies, elles constituent un excellent antihistaminique naturel.

JUS BIENFAISANT
carotte et pommes de terre

Préparation 00:05
Pour 1 grand verre

2 pommes de terre • 1 carotte
1 branche de céleri

Rincez les pommes de terre, la carotte et la branche de céleri.
Coupez les pommes de terre en morceaux.
Coupez la carotte et la branche de céleri en tronçons.
Passez le tout à l'extracteur de jus.

Buvez ce jus de préférence le matin ou avant le déjeuner. Le jus de pommes de terre est excellent pour les personnes souffrant de goutte et de sciatique. Très alcalin, il calme l'inflammation et nettoie des toxines.

JUS DE CÉLERI,
poires et gingembre

Préparation 00:15
Pour 50 cl

150 g de branches de céleri • 700 g de poires
1 petit morceau de gingembre frais
1 petit bouquet de persil frais • le jus de 1/2 citron

Rincez tous les végétaux. Coupez le céleri branche et les poires en morceaux.
Extrayez le jus de tous ces ingrédients. Ajoutez le jus de citron et mélangez. Dégustez aussitôt.

Ce jus acidulé possède des propriétés détox grâce aux vertus du céleri, du citron et du gingembre sur les sphères biliaire et hépatique. Une boisson parfaite pour une cure revitalisante et gourmande en automne.

JUS DE POMMES
et grenade

Préparation 00:15 • Réfrigération 00:10
Pour 50 cl

3 grosses pommes • 3 grenades à jus

Placez les fruits au frais 1 ou 2 heures avant de réaliser le jus.
Rincez les pommes, puis coupez-les en morceaux. Coupez les grenades en deux pour récupérer les graines.
Placez les quartiers de pomme et les graines de grenade dans un extracteur pour en extraire le jus. Dégustez aussitôt.

Ce « super jus » acidulé est riche en antioxydants grâce à la grenade et permet ainsi de limiter les effets néfastes des radicaux libres sur nos cellules. À déguster au petit déjeuner ou hors des repas pour faire le plein de vitalité.

TOP 8 DES JUS
POUR RECEVOIR !

Pourquoi ne pas profiter d'un apéritif ou d'un repas entre amis pour faire découvrir à vos invités le plaisir des jus à l'extracteur ?

1

KIWI FIZZ

3 kiwis
1 orange
5 cl de Schweppes® citron bien frais

PAGE 169

3

PIÑA COLADA SANS ALCOOL AU CURCUMA

1/2 banane • 110 g d'ananas • 1/2 orange
1 cm de racine de curcuma (ou 1 c. à café de curcuma en poudre) • 10 cl de lait de coco
1 c. à soupe de yaourt à la grecque
quelques glaçons

PAGE 41

2

COCKTAIL DE FRAISES, CONCOMBRE ET BASILIC

10 fraises
1 concombre
10 feuilles de basilic

PAGE 65

4

JUS DE CERISES, BETTERAVE ET CITRON VERT

1/2 betterave
1 citron vert
1 poignée de cerises
3 feuilles de menthe

PAGE 41

5

COCKTAIL MIMOSA

2 mandarines
10 cl de champagne

PAGE 111

6

COCKTAIL EXOTIQUE

1/2 mangue
1/4 d'ananas
1 fruit de la Passion

PAGE 138

7

GREEN TONIC

1 citron vert • 1/2 concombre • 1/2 courgette
1 branche de céleri • 1 branche de menthe
5 cl de gin • 1 c. à café de sirop de sucre de canne
10 cl de Perrier® • quelques glaçons

PAGE 127

8

COCKTAIL DE FRUITS ROUGES AU THÉ VERT

1/2 c. à café de thé vert
15 cl d'eau frémissante
50 g de cerises
50 g de fraises
50 g de framboises

PAGE 29

NECTAR DE MANGUE, ananas, citron vert au basilic

Préparation 00:05
Pour 1 grand verre

1/2 mangue • 125 g d'ananas • 1/2 citron vert
3 feuilles de basilic • 1 pincée de piment de Cayenne

Épluchez la mangue et retirez le noyau.
Épluchez l'ananas et le citron vert.
Coupez-le en deux.
Passez-les à l'extracteur de jus ainsi que les feuilles de basilic en alternant les ingrédients.
Servez saupoudré de piment de Cayenne.

Un jus à la fois nourrissant et détoxifiant. Très riche en vitamine C et en manganèse aux effets antioxydant et régulateur de la fonction immunitaire. Utilisez la pulpe pour réaliser un breadcake *(voir p. 196).*

JUS DE POMME, orange, grenade et céleri

Préparation 00:05
Pour 1 grand verre

1 pomme • 1 branche de céleri • 1 orange • 1 grenade

Coupez la pomme en quartiers et le céleri en tronçons.
Épluchez l'orange et coupez-la en quartiers.
Prélevez les graines de grenade.
Passez les morceaux de fruits et légumes à l'extracteur de jus en les alternant.

Pour prélever facilement les graines de grenade, entaillez légèrement le fruit de manière à dessiner quatre quartiers. Plongez la grenade dans un grand saladier rempli d'eau fraîche et ouvrez-la à la main. Les graines coulent ainsi au fond du saladier pendant que les déchets remontent à la surface.

JUS DE POIRES, POMMES,
acérola et griffe du chat

Préparation 00:15
Pour 50 cl

6 poires • 2 pommes à jus • 1 citron • 5 g d'acérola en poudre • 1 petite pincée de griffe du chat en poudre

Lavez les poires et les pommes, puis coupez-les en morceaux. Pelez le citron (conservez environ un quart de citron non pelé pour le zeste) et coupez-le en quatre.
Placez ces ingrédients dans l'extracteur pour en extraire le jus.
Versez le nectar obtenu dans une bouteille hermétique, ajoutez l'acérola et la griffe du chat, puis secouez énergiquement pour obtenir une boisson bien homogène. Dégustez aussitôt.

Cet agréable nectar vitaminé vous donnera un bon coup de fouet en hiver et stimulera votre foie et votre système immunitaire grâce à l'acérola et à la griffe du chat (nommée également « liane du Pérou »).

JUS DE POMME,
carottes et ananas

Préparation 00:05
Pour 1 grand verre

2 carottes • 1 pomme • 150 g d'ananas • 1/2 citron

Coupez les carottes en tronçons et la pomme, l'ananas et le citron (non épluché) en morceaux. Passez le tout à l'extracteur de jus en les alternant.

La broméline contenue dans l'ananas aurait des effets bénéfiques sur les systèmes cardiovasculaire et respiratoire. Ce délicieux jus est donc à consommer sans modération !

JUS DE POMME,
carottes au curcuma frais

Préparation 00:05
Pour 1 grand verre

2 cm de curcuma frais • 1 pomme
3 carottes • 1/2 citron

Épluchez le curcuma, coupez la pomme et les carottes en morceaux.
Épluchez le citron.
Passez les ingrédients à l'extracteur de jus en les alternant.

Super ingrédient, le curcuma a des propriétés multiples : il renforce les défenses immunitaires, combat les troubles digestifs et possède des vertus anti-inflammatoires

JUS DE PATATE DOUCE,
fruit de la passion et kiwi

Préparation 00:05
Pour 1 grand verre

2 fruits de la Passion • 1/2 patate douce • 1 kiwi

Coupez les fruits de la Passion en deux, retirez la pulpe à l'aide d'une cuillère.
Coupez la patate douce et le kiwi en morceaux.
Passez tous les ingrédients à l'extracteur de jus en les alternant.

Le kiwi, par son apport en vitamine C, aide au bon fonctionnement de nos yeux.

CIDRE D'ANANAS,
estragon

Préparation 00:05
Pour 1 grand verre

200 g d'ananas • 1 pomme • 4 brins d'estragon

Épluchez l'ananas, coupez-le en morceaux ainsi que la pomme et les brins d'estragon.
Passez le tout à l'extracteur de jus en alternant les ingrédients.

Antispasmodique et antistress naturel, l'estragon soigne, régule les troubles digestifs et stimule l'appétit.

JUS DE PAPAYE,
carottes et orange

Préparation 00:05
Pour 1 grand verre

1/2 papaye • 2 carottes • 1 orange

Coupez la papaye et les carottes en morceaux, puis épluchez l'orange.
Passez le tout à l'extracteur de jus en les alternant.

Pour profiter au maximum de son pouvoir anti-oxydant, choisissez une papaye bien mûre.

JUS DE POMMES,
canneberges et gingembre

Préparation 00:05
Pour 1 grand verre

200 g de canneberges • 2 pommes
1 cm de gingembre frais

Si vous utilisez des canneberges surgelées, sortez-les du congélateur quelques heures avant de réaliser le jus.
Coupez les pommes en quartiers et pelez le gingembre.
Passez le tout à l'extracteur de jus.

Les canneberges sont connues pour lutter contre les infections urinaires. N'hésitez donc pas à consommer ce jus en grande quantité si vous êtes sujet à ces problèmes.

GRENADES, pamplemousse et thé vert

Préparation 00:05 • Repos 00:40
Pour 1 grand verre

1 pincée de thé vert • 2 grenades à jus
1/2 pamplemousse • 4 feuilles de menthe

Disposez le thé vert dans une tasse, versez 10 cl d'eau bouillante, couvrez et faites infuser pendant 10 minutes.
Filtrez, puis laissez complètement refroidir.
Ouvrez les grenades, retirez les graines.
Pelez le pamplemousse et divisez-le en segments.
Passez d'abord les feuilles de menthe, puis les fruits à l'extracteur de jus.
Terminez en versant le thé vert.

Les antioxydants contenus dans le jus de grenade limiteraient les risques d'athérosclérose (épaississement et durcissement de la paroi des artères, une complication du diabète), à raison de 18 cl de jus par jour durant 3 mois.

JUS d'agrumes

Préparation 00:05
Pour 1 grand verre

1/2 pamplemousse • 1/2 citron
1 orange • 2 clémentines

Épluchez tous les agrumes et coupez-les en morceaux.
Passez-les à l'extracteur de jus.

Vous obtenez un jus du matin très riche en vitamine C.

JUS ALCALINISANT, *carottes, pommes et vinaigre de cidre*

Préparation 00:05
Pour 1 grand verre

1/2 citron • 3 pommes • 250 g de carottes
4 c. à café de vinaigre de cidre • 1 c. à café de miel

Épluchez le citron, coupez les pommes et les carottes en morceaux.
Passez le tout à l'extracteur de jus en alternant les ingrédients.
Incorporez dans le verre le vinaigre de cidre et le miel.

Le vinaigre de cidre est un ingrédient miracle qui aide à réguler le pH de l'organisme pour en réduire l'acidité, il est également antifongique, particulièrement efficace pour lutter contre mycoses et candida.

NECTAR DE COCO *antioxydant aux épices*

Préparation 00:05
Pour 1 grand verre

1 cm de gingembre • 2 bananes • 1/2 orange • 5 cl d'eau de coco • 5 cl de lait de coco • 1/2 c. à café de miel
1 pincée de curcuma • 1 pincée de safran • 1 pincée de muscade fraîchement râpée

Épluchez le gingembre, les bananes et l'orange. Coupez-les en morceaux.
Passez d'abord les bananes à l'extracteur de jus, puis le gingembre et l'orange. Versez ensuite l'eau et le lait de coco. Dans le verre, ajoutez le miel, le curcuma, le safran, la muscade et mélangez.

Antioxydant, ce jus est aussi nourrissant, hydratant (eau de coco) et dynamisant grâce au gingembre. La noix de coco est riche en oligo-éléments (fer, cuivre et manganèse).

JUS *green*

Préparation 00:05
Pour 1 grand verre

1 branche de céleri • 3 pommes granny-smith • 1 kiwi

Rincez le céleri et coupez-le en tronçons.
Rincez les pommes et coupez-les en quartiers.
Épluchez le kiwi.
Passez le tout à l'extracteur de jus, et allongez à l'eau de source si le jus est trop épais.

Contre la fatigue, rien de tel qu'une bonne cure de vitamine C naturelle et facilement assimilable par l'organisme. Le kiwi, vert ou jaune, en regorge, bien conservée au cœur du fruit grâce à sa peau épaisse.

JUS DE CAROTTES *et gingembre*

Préparation 00:05
Pour 1 grand verre

3 carottes • 1 cm de gingembre frais

Coupez les carottes en tronçons et pelez le gingembre.
Passez le tout à l'extracteur de jus.

Vous pouvez mettre plus ou moins de gingembre selon vos goûts.

NECTAR D'AVOCAT

et de banane, lait d'amande et cardamome

Préparation 00:05
Pour 1 grand verre

1 banane • 100 g d'ananas • 1/2 avocat
10 cl d'eau de lait d'amande • 1 c. à café de miel
1 pincée de cardamome

Épluchez la banane et l'ananas. Retirez la peau et le noyau de l'avocat. Coupez les fruits en morceaux. Passez-les à l'extracteur de jus en alternant les ingrédients, terminez par le lait d'amande. Ajoutez le miel directement dans le verre, mélangez, puis saupoudrez de cardamome.

Si le mélange vous semble trop épais, ajoutez un peu d'eau.

JUS DE POMMES,

gingembre, spiruline et acérola

Préparation 00:15
Pour 50 cl

6 pommes à jus • 1 petit morceau de gingembre frais
1 c. à café bombée de spiruline en poudre (de bonne qualité) • 5 g d'acérola en poudre

Lavez les pommes et le gingembre. Coupez les pommes en quatre. Placez ces ingrédients dans l'extracteur, puis extrayez-en le jus. Versez le jus obtenu dans une bouteille hermétique, ajoutez la spiruline et l'acérola, puis secouez énergiquement pour obtenir un jus bien homogène. Filtrez à l'aide d'une fine étamine si besoin. Dégustez aussitôt.

Riche en pigments antioxydants, en protéines, minéraux et vitamine C, ce « super jus » se consomme en début ou en milieu de journée pour un effet coup de fouet. Gare à l'insomnie si vous le consommez après 18 heures !

JUS DE CAROTTES, ORANGE

au lait de coco infusé à la coriandre

Préparation 00:10 • Repos 00:40
Pour 1 grand verre

1/2 c. à café de graines de coriandre • 10 cl de lait de coco •
1 orange • 2 carottes • 1 pincée de coriandre en poudre

Écrasez légèrement les graines de coriandre, faites chauffer le lait de coco, puis versez-le sur les graines. Faites infuser pendant 15 minutes, filtrez et laissez complètement refroidir.
Épluchez l'orange, séparez-la en segments. Coupez les carottes en morceaux. Passez le tout à l'extracteur de jus en alternant les ingrédients, terminez par le lait infusé à la coriandre.
Dégustez saupoudré de coriandre en poudre.

Les graines de coriandre sont excellentes pour réguler le système digestif, elles agissent aussi comme anxiolytique naturel.

KIWI FIZZ

Préparation 00:05
Pour 1 grand verre

3 kiwis • 1 orange
5 cl de Schweppes® citron bien frais

Épluchez les kiwis et l'orange, coupez-les en morceaux.
Passez le tout à l'extracteur de jus en alternant les ingrédients.
Versez ensuite le Schweppes® citron directement dans le verre.

Avec seulement un verre de 20 cl environ de jus d'orange frais pressé, vous aurez absorbé deux fois et demie votre besoin quotidien en vitamine C. Dès le réveil, l'habituel duo jus d'orange et petit café peut, à la longue, occasionner des brûlures d'estomac. Préférez le jus d'orange au cours de la matinée, une fois le petit déjeuner digéré.

JUS PIMENTÉ DE POIRE

et betterave à l'infusion de sauge

Préparation 00:05 • Repos 00:40
Pour 1 grand verre

quelques feuilles de sauge déshydratées • 1/2 citron
1 poire • 1 betterave • 1 pincée de piment de Cayenne

Disposez les feuilles de sauge dans une tasse, ajoutez 10 cl d'eau bouillante, couvrez et faites infuser pendant 10 minutes. Filtrez et laissez complètement refroidir. Épluchez le citron, coupez la poire et la betterave en morceaux. Passez le tout à l'extracteur de jus en alternant les ingrédients. Saupoudrez de piment.

Les glucides contenus dans le jus de betterave provoquent une sécrétion de sérotonine qui favorise l'endormissement.

JUS DE CHOU-FLEUR,

pommes et curcuma

Préparation 00:05
Pour 1 grand verre

2 pommes • 1 cm de curcuma frais
100 g de fleurettes de chou-fleur

Coupez la pomme en morceaux et pelez le curcuma.
Passez-les à l'extracteur de jus en les alternant.

Le chou-fleur contient de nombreux antioxydants. Associé au curcuma frais, il donnera un jus santé, riche en vitamines et en minéraux.

JUS << COUP DE FOUET >>

orange, citron et miel

Préparation 00:05
Pour 2 grands verres

1 grosse orange sanguine • 1/2 citron
1 jaune d'œuf • 1 c. à café de germes de blé en poudre
1 c. à café de miel de romarin ou de thym

Épluchez l'orange et le citron.
Passez-les fruits à l'extracteur de jus.
Ajoutez le jaune d'œuf, les germes en poudre et le miel et mélangez.

Contrairement aux autres agrumes, le citron renferme peu de glucides (sucres). Son jus est donc tout à fait diététique. De plus, la vitamine C qu'il contient est antianémique, car les flavonoïdes qui l'accompagnent renforcent son action en protégeant les vaisseaux sanguins. La vitamine C favorise tout particulièrement l'absorption du fer par les intestins.

COCKTAIL

stimulant

Préparation 00:05
Pour 1 grand verre

2 yuzus • 3 clémentines • 1/2 c. à café de spiruline

Épluchez les yuzus et les clémentines.
Passez le tout à l'extracteur de jus.

Petit agrume d'origine japonaise que l'on rencontre de plus en plus sur nos étals, le yuzu est plein de vitamine C et d'antioxydants. Très acidulé, il convient de l'associer à d'autres fruits ou légumes plus alcalins afin de neutraliser un peu son acidité.

COCKTAIL LITCHIS, *aneth au champagne*

Préparation 00:20
Pour 1 coupe

10 litchis • 1/2 citron vert • 1 brin d'aneth
5 cl de champagne bien frais

Épluchez les litchis et le citron vert.
Passez-les à l'extracteur de jus ainsi que l'aneth en alternant les ingrédients.
Transvasez dans une flûte ou une coupe et complétez avec le champagne

Le jus de citron est votre allié pour atténuer les taches brunes ! Mélangez 1/4 de verre de jus de citron avec 1/2 c. à café de sel. À l'aide d'un coton ou d'un Coton-Tige, badigeonnez cette lotion salée sur les taches qui ne vont pas tarder à disparaître. (Attention, le citron étant photo-sensibilisant, attendez avant de vous exposer au soleil.)

LAIT *d'amande*

Préparation 00:05
Trempage 12:00
Pour 1 l

120 g d'amandes • 1 l d'eau minérale
1 c. à soupe de sirop d'agave (facultatif)

Faites tremper les amandes toute une nuit dans de l'eau froide.
Égouttez-les.
Passez les amandes à l'extracteur de jus tout en versant l'eau minérale.
Le lait d'amande s'écoule ainsi directement.
Si vous préférez un lait d'amande légèrement sucré, ajoutez-y un peu de sirop d'agave.

Pensez à garder l'okara (les « déchets » du lait d'amande) pour l'utiliser dans des recettes (voir p. 195, 196 et 199).

JUS REVITALISANT
oranges, carotte et betterave

Préparation 00:05
Pour 2 verres

4 oranges • 1 carotte • 1 betterave crue

Pelez les oranges et coupez-les en morceaux.
Coupez la carotte en tronçons.
Épluchez la betterave et coupez-la en morceaux.
Passez le tout à l'extracteur de jus.

Pensez aussi à l'option clémentine : petit mais costaud, ce fruit est plus riche en vitamine C que sa grande sœur l'orange ! Plus douce, la clémentine conviendra mieux aux estomacs fragiles, notamment au petit déjeuner, tout en vous assurant un jus gourmand et revitalisant !

JUS DE CHOU
lacto-fermenté, pommes et persil

Préparation 00:15
Pour 50 cl

3 grosses pommes • 1 petit bouquet de persil frais
200 g de choucroute crue (chou lacto-fermenté)

Coupez les pommes en morceaux, rincez le persil, puis placez le tout dans l'extracteur. Ajoutez la choucroute crue, puis extrayez le jus de tous les ingrédients. Dégustez aussitôt.

Les vertus du chou lacto-fermenté ne sont plus à démontrer. Il apporte à ce jus des propriétés probiotiques (régénérantes de la flore intestinale) ainsi qu'une forte teneur en vitamine C (augmentée par l'action de la fermentation lactique). À déguster en apéritif ou éloigné des repas pour profiter pleinement des bienfaits du jus.

Recettes à base DE PULPES

DIP DE FANES
de radis

Préparation 00:10
Pour 1 bol

150 g de chèvre frais • 1 filet d'huile d'olive
80 g de pulpe de jus de fanes de radis (voir p. 10)
1 pincée de piment d'Espelette • sel

Écrasez le fromage de chèvre à la fourchette avec l'huile et une pincée de sel, jusqu'à ce qu'il prenne la consistance d'une crème.
Incorporez la pulpe de fanes de radis, puis assaisonnez de piment d'Espelette.

Utilisez cette préparation pour réaliser des sandwichs, des toasts pour l'apéritif ou servez-la accompagnée de bâtonnets de crudités.

DIP ÉPINARDS
aux herbes

Préparation 00:10
Pour 1 bol

150 g de fromage frais type Saint-Moret® • 1 filet d'huile d'olive • 80 g de pulpe de jus d'épinards aux herbes (voir p. 28) • sel, poivre du moulin

Écrasez le fromage frais avec l'huile, le sel et le poivre jusqu'à lui donner la consistance d'une crème.
Incorporez la pulpe de légumes.

Utilisez cette préparation pour réaliser des sandwichs, des toasts pour l'apéritif ou servez-la accompagnée de bâtonnets de crudités.

DIP « BONNE MINE »

Préparation 00:10
Pour 1 bol

1/2 gousse d'ail • 150 g de ricotta • 1 filet d'huile d'olive 1 c. à café de moutarde • 80 g de pulpe de jus « bonne mine » (voir p. 18) • 1 pincée de curcuma • sel

Épluchez et hachez finement l'ail.
Lissez la ricotta en l'écrasant avec une fourchette et en incorporant l'huile, la moutarde et une pincée de sel, jusqu'à ce qu'elle prenne la consistance d'une crème.
Incorporez la pulpe de légumes, l'ail haché et le curcuma.

Utilisez cette préparation pour réaliser des sandwichs, des toasts pour l'apéritif ou servez-la accompagnée de bâtonnets de crudités.

GUACAMOLE

Préparation 00:10 • Pour 4 pers.

1 avocat • 1 c. à soupe de jus de citron • 80 g de pulpe de jus de courgettes, laitue, ail et persil (voir p. 41) 1/2 tomate • 1 pincée de piment de Cayenne • sel

Écrasez la chair de l'avocat avec le jus de citron et une pincée de sel, jusqu'à obtention d'une purée lisse. Incorporez la pulpe de légumes. Coupez la tomate en petits dés et ajoutez-les au mélange. Servez assaisonné de piment de Cayenne.

Vous pouvez remplacer le piment de Cayenne par l'épice qui vous fait envie, paprika, et pourquoi pas cumin ou curry ?

CRACKERS DE PULPE
de jus vert aux graines de tournesol

Préparation 00:15 • Cuisson 04:00
Pour 10 crackers

200 g de pulpe de jus vert aux légumes (voir p. 37)
4 c. à soupe de graines de tournesol • 2 c. à soupe de poudre d'amande • 1 c. à café de curry
sel, poivre du moulin

Mélangez tous les ingrédients jusqu'à obtention d'une pâte compacte. Si la pâte est trop sèche ajoutez un peu d'eau, si elle est trop humide, ajoutez un peu de poudre d'amande. Chemisez deux plaques à pâtisserie de papier cuisson. Formez des boulettes de la taille d'une noix, aplatissez-les sur la plaque, le plus finement possible. Enfournez à 50 °C, pendant 4 heures, jusqu'à ce que les crackers soient croquants.

Vous pouvez varier les graines : courge, sésame, lin...

CRACKERS DE PULPE
de carottes aux graines de courge

Préparation 00:15 • Cuisson 04:00
Pour 10 crackers

200 g de pulpe de jus de carottes
3 c. à soupe de graines de courge • 2 c. à soupe de poudre d'amande • 1 c. à café de curcuma
sel, poivre du moulin

Mélangez tous les ingrédients jusqu'à obtention d'une pâte compacte. Si la pâte est trop sèche ajoutez un peu d'eau, si elle est trop humide, ajoutez un peu de poudre d'amande. Chemisez deux plaques à pâtisserie de papier cuisson. Formez des boulettes de la taille d'une noix, aplatissez-les sur la plaque, le plus finement possible. Enfournez à 50 °C, pendant 4 heures, jusqu'à ce que les crackers soient croquants.

Vous pouvez varier les graines : tournesol, sésame, lin...

HOUMOUS
de betterave

Préparation 00:10 • Pour 1 bol

200 g de pois chiches cuits • 1/2 gousse d'ail • 30 g de tahiné • 100 g de pulpe de jus de betterave
1 c. à soupe de jus de citron • 1 filet d'huile d'olive • 2 c. à café de persil • sel

Placez les pois chiches, l'ail pelé, le tahiné et la pulpe de betterave dans le bol d'un robot. Mixez jusqu'à obtention d'une purée lisse.
Incorporez environ 6 cl d'eau, jusqu'à ce que le mélange soit crémeux. Assaisonnez de sel et de poivre, transvasez dans un bol et servez arrosé de jus de citron, d'un filet d'huile d'olive et parsemé de persil ciselé.

Ajoutez une touche de persil à vos plats ! Bien plus qu'un simple aromate, le persil est un véritable trésor pour la santé. Très riche en vitamine C (quatre fois plus que l'orange !), il stimule l'organisme, le purifie et lui apporte de la provitamine A (ou bêtacarotène), des vitamines B, E et K, du magnésium, du potassium, du fer, du calcium et du phosphore. Ses propriétés antioxydantes (lutéine et flavonoïdes, dont l'apigénine) sont remarquables. Choisissez-le bien vert, non fané ou ramolli.

QUICHE SANS PÂTE, petits pois, courgette et coriandre

Préparation 00:15 • Cuisson 00:45
Pour 4 pers.

3 œufs • 50 cl de lait de soja ou de lait • 90 g de farine
35 g de fécule de pommes de terre ou de maïs
200 g de pulpe de jus de petits pois, courgette et coriandre
(voir p. 27) • 100 g de comté râpé
1 pincée de muscade • sel et poivre

Préchauffez le four à 200 °C. Fouettez les œufs avec le lait. Incorporez progressivement la farine et la fécule en pluie, puis la pulpe de légumes et le comté râpé. Assaisonnez de sel, de poivre et de noix de muscade. Enfournez 40 à 45 minutes.

Vous pouvez aussi en faire une quiche traditionnelle avec une pâte brisée. Dans ce cas, pensez à la faire précuire.

QUICHE SANS PÂTE roquette, petits pois et céleri

Préparation 00:15 • Cuisson 00:45
Pour 4 pers.

3 œufs • 50 cl de lait de soja ou de lait • 90 g de farine
35 g de fécule de pommes de terre ou de maïs
200 g de pulpe de jus de roquette, petits pois et céleri
(voir p. 18) • 100 g de comté râpé • 1 pincée
de muscade • sel et poivre

Préchauffez le four à 200 °C. Fouettez les œufs avec le lait. Incorporez progressivement la farine et la fécule en pluie, puis la pulpe de légumes et le comté râpé. Assaisonnez de sel, de poivre et de noix de muscade. Enfournez 40 à 45 minutes.

Vous pouvez aussi en faire une quiche traditionnelle avec une pâte brisée. Dans ce cas, pensez à la faire précuire.

GALETTES
de légumes

Préparation 00:10 • Cuisson 00:06
Pour 2 personnes

200 g de pulpe de jus de courgettes, pommes et menthe (voir p. 52) • 1 œuf • 2 c. à soupe de farine • 1 c. à soupe de moutarde • 20 g de comté râpé • sel et poivre

Mélangez la pulpe du jus, l'œuf, la farine et la moutarde. Incorporez le comté et assaisonnez. Déposez des cuillerées de cette pâte dans une poêle huilée. Faites cuire à feu moyen 3 minutes de chaque côté.

Ces galettes sucrées-salées sont délicieuses accompagnées d'une simple salade verte.

GALETTES DE POMME,
carotte à la coriandre

Préparation 00:10 • Cuisson 00:06
Pour 2 personnes

1/2 c. à café de graines de coriandre • 3 brins de coriandre • 200 g de pulpe de jus de carottes, pommes et gingembre (voir p. 94) • 1 œuf • 2 c. à soupe de farine • 1 c. à soupe de moutarde • 20 g de comté râpé sel et poivre

Écrasez les graines de coriandre avec un mortier. Hachez finement les feuilles de coriandre. Mélangez la pulpe du jus, l'œuf, la farine et la moutarde. Incorporez le comté, les graines et les feuilles de coriandre et assaisonnez. Déposez des cuillerées de cette pâte dans une poêle huilée. Faites cuire à feu moyen 3 minutes de chaque côté.

Variantes : choisissez un fromage à pâte dure selon vos envies : cheddar, gruyère, emmental, edam...

PURÉE DE PATATE
douce et poire au laurier

Préparation 00:10 • Cuisson 00:15
Pour 1 pers.

200 g de pulpe de jus de patate douce, poire aux quatre-épices (voir p. 149) • 12 cl de lait ou de lait de soja 1 feuille de laurier • sel, poivre du moulin

Disposez la pulpe de jus de patates douces et de poire dans une petite casserole, versez le lait, salez et mélangez. Ajoutez la feuille de laurier, portez à ébullition et laissez cuire à petits frémissements pendant 15 minutes.
Retirez la feuille de laurier, mixez la préparation, poivrez et servez chaud.

Si la préparation est trop liquide, faites-la réduire à feu doux quelques minutes, en mélangeant fréquemment.

SAUCE TOMATE
pour pâtes

Préparation 00:15 • Cuisson 00:35
Pour 4 pers.

1 cube de bouillon de légumes • 2 gousses d'ail • 1 oignon 2 c. à soupe d'huile d'olive + 1 filet • 1 c. à café d'origan déshydraté • 200 g de pulpes de jus de tomates et basilic (voir p. 62) • sel, poivre

Délayez le cube de bouillon dans 35 cl d'eau chaude. Épluchez et hachez l'ail et l'oignon, faites-les revenir dans 2 c. à soupe d'huile d'olive avec l'origan. Ajoutez la pulpe de jus de légumes, faites revenir pendant 1 minute supplémentaire, puis versez le bouillon de légumes. Laissez cuire à petits frémissements 25 à 30 minutes, jusqu'à ce que la sauce soit onctueuse. Salez si nécessaire, mixez, poivrez, ajoutez un filet d'huile d'olive avant de servir.

Vous pouvez préparer cette sauce en grande quantité, puis la stériliser en bocal et vous en servir toute l'année !

CARROT CAKE
au potiron et aux épices

Préparation 00:15 • Cuisson 00:50
Pour 6 pers.

10 cl d'huile + 1 filet pour le moule • 180 g de farine semi-complète + 1 peu pour le moule • 3 œufs 110 g de sucre de canne • 1/2 sachet de levure • 1/2 c. à café de cannelle en poudre • 2 clous de girofle en poudre 1/2 c. à café de muscade râpée • 225 g de pulpe de jus de potiron et carottes aux épices (voir p. 98) • 5 cl de lait végétal • 40 g d'amandes • 40 g de noisettes • 1 pincée de sel

Préchauffez le four à 180 °C. Huilez le moule puis farinez-le. Fouettez les œufs entiers et le sucre de canne jusqu'à ce que le mélange blanchisse. Mélangez la farine avec la levure, les épices et le sel, puis incorporez le tout, petit à petit, au mélange précédent. Ajoutez la pulpe de jus, le lait, l'huile, puis les amandes et les noisettes concassées, mélangez jusqu'à ce que l'ensemble soit lisse. Enfournez 45 à 50 minutes. Couvrez le cake d'une feuille de papier cuisson 15 minutes avant la fin de la cuisson.

Consommez des épices, comme les piments plus ou moins forts. Leur saveur puissante transmet aussitôt une sensation de « douleur » aux nerfs, qui commandent alors au cerveau de libérer des endorphines, hormones provoquant une sensation de bien-être et de détente.

CAKE AUX LÉGUMES

et aux noix

Préparation 00:15 • Cuisson 00:40
Pour 6 personnes

200 g de pulpe d'un jus de légumes
150 g de farine • 1 sachet de poudre à lever • 2 œufs
8 cl d'huile d'olive • 12 cl de lait • 50 g de parmesan râpé
50 g de cerneaux de noix concassés

Préchauffez le four à 180 °C. Dans un saladier, mélangez la pulpe du jus, la farine et la poudre à lever. Incorporez petit à petit les œufs, l'huile d'olive et le lait, puis le parmesan et les noix. Mélangez jusqu'à obtention d'une pâte homogène. Beurrez et farinez un moule à cake et versez-y la pâte. Enfournez pour 40 minutes. Laissez tiédir avant de démouler.

Le cake est cuit lorsque la pointe d'un couteau plantée au centre ressort sèche.

VEGGIE BURGERS

Préparation 00:15 • Réfrigérations 00:20
Cuisson 00:15 • Pour 4 pers.

1 oignon rouge • 1 gousse d'ail • 4 c. à soupe d'huile d'olive • 160 g de pulpe de jus de tomates et carottes (voir p. 71) • 160 g de pois chiches cuits 160 g de haricots rouges cuits • 1 c. à soupe de pâte de curry tikka masala • 40 g de flocons d'avoine 1/2 c. à café de paprika • 1/2 c. à café de cumin • 1 œuf 50 g de farine • sel, poivre du moulin

Épluchez et hachez l'oignon et l'ail. Faites-les revenir quelques minutes dans 1 c. à soupe d'huile d'olive, puis ajoutez la pulpe de légumes, remuez 2 minutes, coupez le feu et laissez reposer. Mixez par impulsion les pois chiches et les haricots rouges sans les réduire en purée. Mélangez tous les ingrédients (sauf l'huile) dans un saladier. Formez quatre steaks d'environ 1 cm d'épaisseur, réservez-les 20 minutes au frais.
Faites chauffer le restant d'huile dans une poêle, farinez légèrement les burgers et faites-les cuire 5 minutes de chaque côté.

Servez avec des frites de pomme de terre ou des frites de patate douce.

TABOULÉ DE QUINOA

Préparation 00:05 • Cuisson 00:15
Réfrigérateur 02:00 • Pour 2 personnes

90 g de quinoa • 150 g de pulpe de jus de brocoli concombre brocoli et persil (voir p. 84) 100 g de feta • 5 cl d'huile d'olive • 1 c. à soupe de jus de citron • 1 petite gousse d'ail finement hachée 1/4 d'oignon rouge finement haché • 1 tomate coupée en petits dés • sel, poivre du moulin

Faites cuire le quinoa en suivant les instructions du paquet. Égouttez et réservez-le. Hachez finement la pulpe de jus de légumes. Coupez la feta en petits dés. Émulsionnez l'huile avec le jus de citron, le sel et le poivre. Mélangez le quinoa avec la pulpe de légumes, l'ail, l'oignon rouge, la tomate et la vinaigrette. Incorporez ensuite les dés de feta. Réservez 2 heures au frais avant de servir.

Les propriétés antioxydantes du brocoli agissent sur les rhumatismes et la fragilité osseuse en nettoyant l'organisme de ses déchets, mais aussi en ralentissant le vieillissement osseux

VELOUTÉ DE LAITUE
et brocoli

Préparation 00:15 • Cuisson 00:20 • Pour 2 personnes

1 échalote • 1 c. à soupe d'huile • 200 g de pulpe de jus de laitue et brocoli (voir p. 13) • 1 petite pomme de terre • 3 c. à soupe de crème fraîche 1 c. à soupe de persil • sel, poivre du moulin

Épluchez et hachez l'échalote. Faites chauffer l'huile dans une petite casserole et faites-y revenir l'échalote. Ajoutez la pulpe du jus de légumes et la pomme de terre en dés. Mélangez pendant environ 1 minute. Couvrez d'eau, ajoutez 1 pincée de sel et laissez cuire environ 20 minutes, à couvert, jusqu'à ce que les légumes soient tendres. Mixez finement le contenu de la casserole, incorporez la crème, poivrez. Servez chaud parsemé de persil ciselé.

Le brocoli protège votre peau des agressions que peut causer le soleil ! Il renferme un puissant antioxydant, la lutéine, qui possède la propriété de stimuler la réparation des gènes abîmés lors de l'exposition au soleil.

VELOUTÉ D'ASPERGES
et pomme verte au curry

Préparation 00:15 • Cuisson 00:20
Pour 2 pers.

1/2 oignon • 1 c. à soupe d'huile • 200 g de pulpe de jus d'asperges et de pommes vertes (voir p. 33) • 1 petite pomme de terre coupée en dés • 1 c. à café de curry
3 c. à soupe de crème fraîche • 1 c. à soupe de coriandre hachée • sel, poivre du moulin

Épluchez et hachez l'oignon. Faites chauffer l'huile dans une petite casserole et faites-y revenir l'oignon. Ajoutez la pulpe de jus de légumes, la pomme de terre et saupoudrez de curry. Mélangez environ 1 minute. Couvrez d'eau, ajoutez 1 pincée de sel et laissez cuire 20 minutes, à couvert, jusqu'à ce que les légumes soient tendres. Mixez finement le contenu de la casserole, incorporez la crème, poivrez.
Servez chaud parsemé de coriandre.

Variez les épices en fonction de vos envies !

VEGGIE BALLS

Préparation 00:15 • Cuisson 00:30
Pour 10 balls

1 œuf • 1 gousse d'ail • 200 g de pulpe de jus de chou kale, carottes et poivrons rouges (voir p. 87)
1 c. à soupe d'huile d'olive • 3 c. à café d'origan
50 g de parmesan râpé • sel, poivre du moulin

Préchauffez le four à 180 °C. Battez l'œuf et hachez l'ail. Mélangez la pulpe de légumes avec l'œuf battu, l'ail, l'huile, l'origan et le parmesan. Salez et poivrez. Formez 10 boulettes de la taille d'une grosse noix et disposez-les sur une plaque couverte de papier cuisson. Enfournez 30 minutes, jusqu'à ce que les boulettes soient fermes et dorées. Retournez-les à mi-cuisson.

Servez chaud avec une sauce tomate.

TOMATES FARCIES

Préparation 00:20 • Cuisson 01:10
Pour 2 pers.

2 grosses tomates • 40 g de boulgour • 1 petite gousse d'ail
1/2 oignon • 2 c. à soupe d'huile d'olive • 50 g de pulpe de jus de chou kale, carottes et poivrons rouges (voir p. 87)
1 c. à café d'origan • 1 pincée de piment
3 c. à soupe de parmesan rapé
sel, poivre du moulin

Préchauffez le four à 150 °C. Rincez et séchez les tomates. Coupez les chapeaux et creusez délicatement la chair avec une cuillère en évitant de percer la peau. Salez l'intérieur et disposez-les à l'envers dans une passoire pour qu'elles s'égouttent. Coupez la chair des tomates en petits morceaux. Rincez le boulgour jusqu'à ce que l'eau soit claire. Épluchez et hachez finement l'ail et l'oignon. Faites chauffer l'huile dans une casserole et faites-y revenir l'ail et l'oignon jusqu'à ce qu'ils soient translucides. Ajoutez la pulpe de jus de légumes et la chair des tomates et l'origan, faites suer pendant 2 minutes, puis versez le boulgour. Ajoutez les épices, mélangez, puis ajoutez 6 cl d'eau. Laissez cuire à feu doux pendant 5 à 6 minutes en remuant fréquemment. Si le boulgour n'est pas assez cuit, ajoutez un peu d'eau et prolongez la cuisson. Salez et poivrez, incorporez le parmesan. Rincez les tomates, égouttez-les à nouveau et séchez l'intérieur avec du papier absorbant. Répartissez la farce dans les tomates, disposez les chapeaux au-dessus.
Disposez-les dans un plat, ajoutez 3 c. à soupe d'eau et enfournez pour 1 h environ.

L'ail et l'oignon ont des vertus sur tout le système cardio-vasculaire. Ils exercent une action préventive, protectrice et réductrice des troubles comme les palpitations.

MUFFINS VEGAN
de carotte et pomme

Préparation 00:15 • Cuisson 00:20
Pour 12 muffins

200 g de pulpe de jus de carottes, pommes et gingembre (voir p. 94) • 200 g de farine • 1 sachet de poudre à lever • 100 g de sucre • 15 cl de lait d'amande 8 cl d'huile de tournesol • 30 g de raisins secs

Préchauffez le four à 180 °C. Mélangez la pulpe de jus, la farine, la poudre à lever et le sucre. Ajoutez le lait d'amande et l'huile de tournesol. Incorporez les raisins secs et versez la pâte dans des moules à muffins.
Enfournez pour 20 minutes.

Pour éviter toute mauvaise surprise, ôtez la queue des pommes avant d'en extraire le jus. Ainsi, cette dernière ne se retrouvera pas dans vos muffins !

FRITTATA À LA PULPE
de jus de carotte, chou-rave et mâche

Préparation 00:10 • Cuisson 00:25
Pour 2 personnes

1/2 oignon • 1 c. à soupe d'huile d'olive • 150 g de pulpe de jus de chou-rave, carotte et mâche (voir p. 99) 3 gros œufs • 40 g de parmesan râpé • 1 pincée d'origan sel, poivre du moulin

Utilisez une poêle ou une sauteuse pouvant aller au four. Épluchez et hachez l'oignon. Faites chauffer l'huile dans la sauteuse, faites-y revenir l'oignon, ajoutez la pulpe de légumes et faites-la revenir pendant 4 à 5 minutes. Laissez tiédir. Fouettez les œufs avec le parmesan, l'origan, le sel et le poivre. Versez le mélange dans la poêle et faites cuire pendant 15 minutes à feu doux jusqu'à ce que les œufs soient pris, puis passez sous le gril du four pendant 2 à 3 minutes.

L'oignon a des vertus sur tout le système cardio-vasculaire. Il exerce une action préventive, protectrice et réductrice des troubles comme les palpitations.

PURÉE DE CAROTTE
et potiron à la vanille

Préparation 00:10 • Cuisson 00:15
Repos : 00:15 • Pour 1 pers.

12 cl de lait ou de lait de soja • 1/4 de gousse de vanille 200 g de pulpe de jus de potiron et carottes aux épices (voir p. 98) • sel, poivre du moulin

Versez le lait dans une casserole.
Fendez la gousse de vanille et grattez les graines au-dessus de la casserole. Ajoutez la gousse et portez à ébullition. Couvrez et laissez infuser pendant 15 minutes, retirez la gousse.
Disposez la pulpe de jus de légumes dans une petite casserole, versez le lait infusé, salez et mélangez. Portez à ébullition et laissez cuire à petits frémissements pendant 15 minutes.
Mixez la préparation, poivrez et servez chaud.

Si la préparation est trop liquide, faites-la réduire à feu doux quelques minutes, en mélangeant fréquemment.

PANCAKES

Préparation 00:15 • Cuisson 00:12
Pour 6 personnes

150 g de farine • 30 g de sucre • 1 c. à café de poudre à lever • 1 œuf 25 cl de lait • 1 c. à soupe d'huile de tournesol • 150 g de pulpe de jus d'oranges, pommes et carottes (voir p. 98)

Dans un saladier, mélangez la farine, le sucre et la poudre à lever. Faites un puits, cassez-y l'œuf et ajoutez-y le lait et l'huile de tournesol. Mélangez bien, puis incorporez la pulpe de jus de manière à obtenir une pâte homogène. Faites chauffer une poêle huilée et faites-y cuire des cuillerées de pâte, à feu moyen. Retournez les pancakes au bout de quelques minutes, lorsque des bulles commencent à apparaître à la surface.

Dégustez accompagné de sirop d'érable, de miel, de confiture, de pâte à tartiner...

LES BIENFAITS DES FRUITS, LÉGUMES, ET AROMATES

FRUIT, LÉGUME, AROMATE	SAISON	VITAMINE	BÉNÉFICE SUR LA SANTÉ
Abricot	Juill. et août	Vit. A, B3, C, E ; calcium, magnésium, phosphore, potassium ; sélénium, zinc.	*Tonifiant, antistress ; contre les troubles du système nerveux, la déprime et la dépression, bon pour la peau.*
Açaï	Toute l'année	Vit. B1, E ; fer.	*Antioxydant ; protège les cellules du cerveau contre les radicaux libres.*
Ail	Avril à août	Vit. C, E ; iode, sélénium, soufre.	*Tonifiant, antifatigue, anti-infectieux ; favorise l'immunité, bon pour le système cardiovasculaire, protège de certains cancers.*
Airelle	Juill. et août	Vit. A, C ; calcium, sodium.	*Antioxydante, désinfectante ; contre la plaque dentaire et les maladies parodontales.*
Ananas	Nov. à mars	Vit. A, B1, B3, B6, B9, C, E ; calcium, magnésium, potassium ; cuivre, iode, manganèse, zinc ; enzyme (broméläine).	*Antioxydant, équilibrant, analgésique, tonifiant, diurétique ; contre l'arthrite, soulage les douleurs articulaires, coups, entorses et foulures, facilite la digestion, mange-graisse, bon pour la peau.*
Aronia	Toute l'année	Vit. A, B9, C, E ; potassium ; fer, manganèse.	*Antioxydant ; contre le diabète.*
Artichaut	Juin à sept.	Vit. B9, C ; potassium, sodium ; iode, zinc.	*Bon pour le système cardiovasculaire.*
Avocat	Sept. à mai	Vit. A, B8, B9, C, E ; calcium, magnésium, phosphore, potassium.	*Antioxydant, antianémique, antivieillissement ; fortifie les yeux, bon pour le système cardiovasculaire et le transit intestinal, la peau.*
Banane	Toute l'année	Vit. A, B3, B6, B8, B9, C ; calcium, magnésium, potassium.	*Anti-diarrhéique, antistress, anti-inflammatoire intestinal, reminéralisante ; facilite le transit intestinal, bonne pour le développement du système nerveux du fœtus, contre la dépression et la tension nerveuse, bonne pour la peau.*
Betterave	Mai à oct.	Vit. A, B9, C ; calcium, magnésium, phosphore, potassium, sodium.	*Tonifiante, antianémique, reminéralisante ; soulage les crises d'arthrose et d'arthrite.*
Blette	Avril à oct.	Vit. A, B9, C, E ; calcium, magnésium, phosphore, potassium ; fer.	*Antioxydante, diurétique ; réduit l'hypertension artérielle, soulage les varices et agit sur l'artériosclérose, bonne pour le transit intestinal*
Bleuet sauvage	Toute l'année	Vit. A, B9 ; potassium.	*Antioxydant ; retarde le vieillissement oculaire, régule le cholestérol*
Brocoli	Juin à oct.	Vit. A, C, E ; calcium, magnésium, phosphore, potassium, sodium ; iode.	*Antioxydant ; favorise l'immunité, bon pour le transit intestinal, agit sur les rhumatismes et la fragilité osseuse, bon pour le développement du système nerveux du foetus, protège des agressions du soleil.*
Canneberge (ou cranberry)	Toute l'année	Vit. A, B1, B2, B3, C, E ; calcium, magnésium, phosphore, potassium, sodium ; fer, zinc.	*Antioxydante, antibactérienne ; bonne pour les gencives, contre la cystite et les infections urinaires.*

FRUIT, LÉGUME, AROMATE	SAISON	VITAMINE	BÉNÉFICE SUR LA SANTÉ
Carotte	Août à avril	Vit. A, B1, B2, B3, B5, B6, C, E ; magnésium, phosphore, potassium, sodium ; fer.	*Antioxydante, tonifiante, antianémique, reminéralisante ; bonne pour les yeux, régule les troubles cardiovasculaires, bonne pour les systèmes respiratoire et digestif, les muqueuses, la gorge, favorise le sommeil, prépare la peau au soleil.*
Cassis	Juill. et août	Vit. B9, C ; calcium, magnésium, potassium ; cuivre, fer, manganèse.	*Antioxydant, tonifiant, diurétique, dépuratif, antirhumatismal ; bon pour les yeux et le foie, prévient et soulage les crampes.*
Céleri branche	Sept. à févr.	Vit. A, B1, B2, B3, B5, B6, B12, C ; potassium.	*Diurétique, amincissant, reminéralisant ; favorise la digestion et soulage le transit intestinal, efficace contre le diabète, soulage et guérit les états inflammatoires osseux et l'ostéoporose, coupe-faim.*
Cerise	Juin à août	Vit. A, B1, B2, B3, B5, B6, B9, C, E ; calcium, magnésium, phosphore, potassium, sodium ; fluor.	*Tonifiante, diurétique, reminéralisante, détoxifiante ; combat les anémies, soulage les rhumatismes et les courbatures, contre la cystite, les infections urinaires, coliques néphrétiques et calculs, bonne en cure détox, soulage la goutte, favorise le sommeil.*
Chou	Mai à mars	Vit. A, B1, B2, B3, B5, B6, B9, C, D, E, K ; calcium, magnésium, potassium, sodium ; chlore, fer, iode.	*Antioxydant, antianémique, antirhumatismal ; favorise l'immunité, soigne et soulage les maladies pulmonaires, bon pour les muqueuses et la flore intestinale, agit sur les rhumatismes et la fragilité osseuse.*
Citron	Toute l'année	Vit. B, C, E ; calcium, magnésium, phosphore, potassium ; sélénium.	*Antioxydant, tonifiant, antianémique, antibactérien, antiviral, antiseptique ; favorise l'absorption du fer, bon pour les yeux, soulage les enrouements, la toux et la gorge irritée, contre la constipation et la diarrhée, favorise le transit, coupe-faim, bon pour la peau, les cheveux.*
Clémentine	Nov. à févr.	Vit. B, C, E ; calcium, magnésium, potassium, sodium ; manganèse.	*Antioxydante, tonifiante, antianémique ; bonne pour les yeux.*
Concombre	Mai à sept.	Vit. B, C, E ; calcium, magnésium, phosphore, potassium, sodium ; iode, silicium, soufre.	*Diurétique, reminéralisant, désaltérant, laxatif ; facilite la digestion, draine les reins et nettoie la vessie, contre la chute des cheveux.*
Cresson	Juill. à janv.	Vit. A, B9, C, E ; calcium, magnésium, phosphore, potassium, sodium ; fer, fluor.	*Tonifiant, diurétique, antianémique, antioxydant, reminéralisant ; contre la chute des cheveux, les dermatoses.*
Épinard	Avril à nov.	Vit. A, B9, C, K ; calcium, magnésium ; fer.	*Laxatif, tonifiant, reminéralisant ; contre les fermentations intestinales.*
Fenouil	Mai à nov.	Vit. A, B6, B9, C ; calcium, potassium, sodium ; iode, zinc.	*Tonifiant, digestif, diurétique ; mange-graisse.*
Figue	Août à oct.	Vit. A, B, C ; calcium, magnésium, potassium ; fer, sélénium, zinc.	*Énergétique, antianémique ; facilite le transit intestinal, bonne pour les femmes en préménopause ou ménopausées, favorise la détente, bonne pour la peau.*
Fraise	Mai à août	Vit. A, B9, C ; calcium, magnésium, phosphore, potassium.	*Tonifiante, hépatique, reminéralisante ; favorise l'immunité, protège le système digestif, contre la douleur, bonne pour la peau.*

FRUIT, LÉGUME, AROMATE	SAISON	VITAMINE	BÉNÉFICE SUR LA SANTÉ
Framboise	Juin à sept.	**Vit. A, B9, C ; calcium, magnésium, phosphore, potassium.**	*Tonifiante, laxative, diurétique, antifatigue ; bonne pour le transit intestinal, le développement du système nerveux du fœtus, atténue les effets de la ménopause, contre l'ostéoporose.*
Goji	Toute l'année	**Vit. A, C ; calcium ; fer.**	*Antioxydant ; protège les cellules du vieillissement.*
Goyave	Déc.	**Vit. A, C ; potassium.**	*Antioxydante ; contre le stress.*
Grenade	Nov. à févr.	**Vit. A, B9, C ; calcium, phosphore, potassium.**	*Antioxydante, tonifiante ; favorise l'immunité, réduit le risque de la maladie d'Alzheimer, l'athérosclérose, prévient et soulage l'arthrose et l'arthrite, diminue l'évolution du cancer de la prostate.*
Groseille	Juin et juill.	**Vit. A, B9, C ; calcium, magnésium, phosphore, potassium ; cuivre, fer.**	*Désaltérante, tonifiante, diurétique ; espace et atténue les crises d'arthrose et d'arthrite, prévient et soulage les crampes.*
Kiwi	Nov. à mai	**Vit. A, B9, C ; calcium, magnésium, phosphore, potassium.**	*Tonifiant, antifatigue, antioxydant ; favorise l'immunité, bon pour les yeux, prévient le diabète, combat la fatigue, soulage les courbatures.*
Laitue	Avr. à oct.	**Vit. B3, B9, C, E ; calcium, magnésium, phosphore, potassium ; fer, zinc.**	*Diurétique, laxative ; bonne pour le développement du système nerveux du fœtus, en cas d'insomnie, contre la couperose.*
Mangue	Toute l'année	**Vit. A, B9, C, E ; calcium, phosphore, potassium.**	*Tonifiante, antioxydante ; bonne pour le système cardiovasculaire et le transit intestinal, les cheveux, les ongles, la peau.*
Melon	Juin à sept.	**Vit. A, B1, C ; calcium, sodium ; fer, soufre, zinc.**	*Antioxydant, antiparasitaire, drainant ; bon pour le transit intestinal, le développement du système nerveux du fœtus.*
Mûre	Juill. à sept.	**Vit. A, B9, C, E ; calcium, magnésium, phosphore, potassium, sodium ; fer.**	*Laxative, dépurative, antioxydante ; bonne pour les yeux, les gencives sensibles, prévient la parodontite, soulage les ulcères et les hémorroïdes, ralentit le vieillissement.*
Myrtille	Juill. à sept.	**Vit. A, B9, C, E ; calcium, magnésium, phosphore, potassium.**	*Dépurative, antioxydante ; favorise la vision nocturne, ralentit le vieillissement.*
Navet	Juin à sept.	**Vit. A, B9, C ; calcium, magnésium, phosphore, potassium ; iode.**	*Reminéralisant, tonifiant ; favorise l'immunité, contre l'hyperacidité gastrique.*
Noix de coco	Nov. à févr.	**Vit. B9, C ; calcium, magnésium, potassium ; fer, sélénium.**	*Bonne pour les cheveux.*
Oignon	Août à avr.	**Vit. B, C, E ; calcium ; fer, iode, manganèse, silicium, soufre, zinc.**	*Digestif, tonifiant, antioxydant, antibactérien, antiseptique ; favorise l'immunité, bon pour le système cardiovasculaire, relaxe et procure le sommeil, soigne les engelures.*
Orange	Nov. à févr.	**Vit. A, B9, C ; calcium, magnésium, phosphore, potassium, sodium.**	*Antioxydante, tonifiante, diurétique, antifatigue, antianémique ; favorise l'immunité, donne de l'énergie, bonne pour les yeux, le système respiratoire, le développement du système nerveux du foetus, contre le vieillissement de la peau.*

FRUIT, LÉGUME, AROMATE	SAISON	VITAMINE	BÉNÉFICE SUR LA SANTÉ
Ortie	Mars à mai	**Vit. A, B1, B2, B3, B5, C, K ; magnésium ; fer, silicium, zinc.**	*Minéralisante ; bonne pour tous les problèmes osseux, le syndrome prémenstruel, les cheveux.*
Pamplemousse	Déc. à mars	**Vit. A, B9, C, E ; calcium, magnésium, phosphore, potassium, sodium ; zinc.**	*Dépuratif, digestif, tonifiant, diurétique, amincissant ; favorise l'immunité, bon pour les yeux, coupe-faim.*
Papaye	Toute l'année	**Vit. A, B9, C ; calcium, magnésium, potassium ; iode ; enzyme (papaïne).**	*Soigne les intestins ballonnés, les ulcérations.*
Pastèque	Juin à sept.	**Vit. A, B5, B9, C ; magnésium, phosphore, potassium ; fer.**	*Drainante ; bonne en cure détox.*
Pêche	Juin à sept.	**Vit. A, B9, C ; calcium, magnésium, phosphore, potassium.**	*Désaltérante, diurétique, amincissante, tonifiante ; bonne en cure détox, pour la peau.*
Persil	Avr. à nov.	**Vit. B, C, E, K ; calcium, magnésium, phosphore, potassium, sodium ; fer.**	*Antioxydant ; préserve de la dégénérescence maculaire, bon pour la circulation veineuse.*
Poire	Août à janv.	**Vit. A, B9, C ; calcium, magnésium, phosphore, potassium ; iode.**	*Diurétique, amincissante ; régule le cholestérol et la thyroïde, bonne en cure détox.*
Poivron vert	Juin à oct.	**Vit. B1, B3, B9, C, E ; calcium, magnésium, phosphore, potassium ; fer, sélénium.**	Contre la chute des cheveux.
Pomme	Oct. à mars	**Vit. A, B, C ; calcium, magnésium, phosphore, potassium, sodium ; fer.**	*Diurétique, laxative, antirhumatismale ; favorise l'immunité, bonne pour le cœur, le transit intestinal.*
Pomme de terre	Mai à févr.	**Vit. B9, C, PP ; calcium, magnésium, potassium, sodium.**	*Bonne pour le système digestif, contre l'hyperacidité gastrique, la goutte et la sciatique.*
Potimarron	Oct. et nov.	**Vit. A, B3, B5, C, E ; calcium, magnésium ; fer, zinc.**	*Antioxydant, antiparasitaire ; facilite le transit intestinal, ralentit le vieillissement, favorise le sommeil.*
Pruneau	Toute l'année	**Vit. A, C, E ; magnésium, potassium ; bore, fer.**	*Diurétique, détoxifiant ; bon pour la ménopause.*
Radis noir	Sept. à déc.	**Vit. C ; calcium, magnésium, potassium.**	*Drainant ; prévient et soulage les crises d'arthrite, favorise l'élimination des déchets et des toxines*
Raisin	Sept. et oct.	**Vit. A, B9, C ; calcium, magnésium, phosphore, potassium, sodium ; chlore, cuivre, fer, soufre, zinc.**	*Reminéralisant, diurétique, tonique veineux, antioxydant ; favorise l'immunité, bon pour le cœur, combat la fatigue, soulage la sciatique, les crises de goutte et le rhumatisme.*
Sureau noir	Juin à août	**Vit. A, B6, C ; fer.**	*Antioxydant, expectorant ; soulage les bronches.*
Tomate	Juin à sept.	**Vit. A, B3, B9, C, E ; calcium, magnésium, sodium ; iode.**	*Antioxydante, reminéralisante ; favorise l'immunité, protège le système digestif.*

MOELLEUX AU CHOCOLAT

et à la pulpe de betterave

Préparation 00:20 • Cuisson 00:45
Pour 6 pers.

*200 g de chocolat • 100 g de beurre • 2 œufs
150 g de sucre • 50 g de farine • 50 g de pulpe de jus de betterave*

Préchauffez le four à 150 °C. Faites fondre le chocolat et le beurre au bain-marie. Dans un saladier, fouettez les œufs et le sucre, puis ajoutez-y le chocolat et le beurre fondu. Mélangez bien, puis incorporez la farine et la pulpe de jus de betterave. Mélangez jusqu'à obtention d'un mélange homogène. Beurrez et farinez un moule à manqué et versez-y la pâte. Enfournez pour 45 minutes.

La betterave apporte une texture moelleuse et fondante à ce gâteau. Mettez au défi vos invités d'y reconnaître le goût de ce légume !

BROWNIE À L'OKARA
amande et à l'huile de coco

Préparation 00:20 • Cuisson 00:35 • Pour 4 pers.

100 g d'okara amande (voir p. 172)
50 g de noix de pécan • 150 g de chocolat noir à 70 % de cacao • 80 g d'huile de coco • 2 œufs • 120 g de sucre de canne • 1 pincée de sel • 1 c. à café d'extrait de vanille
50 g de farine • sucre glace

Préchauffez le four à 180 °C. Chemisez un moule à cake de papier cuisson. Versez l'okara amande dans une poêle sans matière grasse et faites-le dessécher à feu doux tout en l'émiettant. Transvasez dans une assiette et laissez refroidir. Hachez grossièrement les noix de pécan. Faites fondre le chocolat au bain-marie. Hors du feu, ajoutez l'huile de coco et mélangez. Fouettez les œufs avec le sucre et le sel jusqu'à ce que le mélange blanchisse, incorporez l'extrait de vanille, puis la farine en pluie et l'okara d'amande. Ajoutez le chocolat fondu, puis les noix de pécan et mélangez. Versez le mélange dans le moule, puis enfournez 20 à 25 minutes. Laissez refroidir et découpez en carrés. Servez saupoudré de sucre glace.

Variantes : réalisez cette recette avec de l'okara de noisette ou de noix de cajou.

SORBET
litchis coco

Préparation 00:10 • Réfrigération 05:00
Pour 1 pers.

60 g de pulpe de jus de litchis
2 c. à café de sucre de canne • 15 cl de lait de coco

Mélangez la pulpe de jus de litchis, le sucre de canne et le lait de coco.
Réservez 5 heures au congélateur.
Sortez le mélange du congélateur, laissez reposer pendant 5 minutes, puis mixez rapidement la préparation.
Dégustez immédiatement.

Pour varier les goûts, vous pouvez remplacer le lait de coco par du lait d'amande ou de noisette.

GLACE AU YAOURT
à la pulpe de jus de pêche

Préparation 00:10 • Réfrigération 05:00
Pour 1 pers.

60 g de pulpe de jus de pêches
2 c. à café de sucre de canne • 100 g de yaourt bulgare

Mélangez la pulpe de jus de pêche avec le sucre de canne et le yaourt.
Réservez au congélateur pendant 5 heures. Sortez le mélange, laissez reposer pendant 5 minutes, puis mixez rapidement la préparation.
Dégustez immédiatement.

Accompagnez cette glace de brisures de spéculoos ou d'amandes effilées.

BREADCAKE

mangue, ananas, coco

Préparation 00:15 • Cuisson 00:40
Pour 6 pers.

150 g de farine semi-complète • 100 g de noix de coco en poudre • 1 sachet de levure • 80 g de sucre de canne 2 œufs • 180 g de yaourt nature • 200 g de pulpe de jus de mangue, ananas, citron vert au basilic (voir p. 160) un peu d'huile pour le moule.

Préchauffez le four à 180 °C. Mélangez la farine, la poudre de noix de coco, la levure et le sucre. Fouettez les œufs avec le yaourt, puis incorporez petit à petit le mélange précédent. Ajoutez la pulpe de fruits et mélangez. Versez le mélange dans un moule à cake huilé et fariné. Enfournez 35 à 40 minutes.

Si vous ne disposez pas d'une quantité suffisante de pulpe, divisez les quantités par deux et utilisez un moule à mini-cake ou des caissettes à muffins.

MACARONS

Préparation 00:20 • Cuisson 00:30
Pour 15 macarons

80 g de dattes • 100 g d'okara amande (voir p. 172) 4 cl d'huile de noix de coco • 1 pincée de sel 40 g de noix de coco râpée • 1 blanc d'œuf • 1 c. à café de sirop d'agave

Préchauffez le four à 180 °C. Dénoyautez les dattes, mixez-les avec l'okara d'amandes jusqu'à ce que le mélange soit bien lisse. Incorporez l'huile de noix de coco, le sel, la noix de coco râpée, le blanc d'œuf et le sirop d'agave. Façonnez des boulettes de la taille d'une grosse noix et disposez-les sur une plaque à pâtisserie chemisée de papier cuisson. Enfournez 15 à 20 minutes, jusqu'à ce que les macarons soient dorés.
Laissez refroidir avant de déguster.

Variante : remplacez les dattes par des pruneaux ou des abricots secs.

BANANA BREAD
à l'abricot

Préparation 00:15 • Cuisson 00:50
Pour 6 pers.

*250 g de farine • 1/2 sachet de levure chimique
150 g de sucre • 1 pincée de sel • 80 g de beurre + 1 noix pour le moule • 5 cl de lait • 125 g de pulpe de jus de banane et abricots (voir p. 59) • 2 œufs*

Mélangez la moitié de la farine avec la levure, le sucre et le sel. Faites fondre le beurre et ajoutez-le au mélange précédent ainsi que le lait et la pulpe de fruits. Incorporez les œufs battus, puis le restant de farine. Beurrez et farinez un moule à cake, puis versez-y la pâte. Enfournez environ 50 minutes.

*Si vous ne disposez pas d'une quantité suffisante de pulpe, divisez les quantités par deux et optez pour une version individuelle en utilisant un moule à mini-cake ou des caissettes à muffins.
Variante : réalisez cette recette avec la pulpe des différentes recettes à base de fruits et de banane.*

LASSI À LA MANGUE

Préparation 00:10
Pour 1 grand verre

3 glaçons • 180 g de pulpe de jus de mangue, pêches et abricot (voir p. 50) • 12 cl de yaourt velouté
2 c. à café de sucre de canne
1 pincée de cardamome en poudre

Disposez les glaçons dans le bol d'un robot et mixez-les par à-coups jusqu'à obtention de glace pilée. Ajoutez la pulpe de mangue, le yaourt et le sucre de canne, mixez à nouveau, ajoutez un peu d'eau si la consistance est trop épaisse. Transvasez dans un verre, saupoudrez de cardamome et dégustez aussitôt.

La mangue est particulièrement recommandée pendant la grossesse pour sa richesse en vitamine B9 (ou acide folique). Cette vitamine sera essentielle au bon développement du système nerveux de votre futur bébé, alors n'hésitez pas à en abuser dans vos associations de jus.

CRÊPES À L'OKARA de noisette

Préparation 00:10 • Cuisson 00:20
Pour 10 crêpes

100 g d'okara de noisette (voir p. 142) • 150 g de farine
50 g de sucre • 2 œufs • 50 cl de lait de noisette (ou de vache) • 1 c. à soupe d'huile de tournesol

Dans un saladier, mélangez l'okara de noisette, la farine et le sucre. Ajoutez les œufs, puis versez le lait et l'huile de tournesol tout en remuant à l'aide d'un fouet. Mélangez jusqu'à obtention d'une consistance parfaitement homogène. Huilez une poêle antiadhésive et faites-la chauffer. Versez-y une louche de pâte et faites cuire environ 2 minutes de chaque côté. Répétez l'opération jusqu'à épuisement de la pâte.

Ces crêpes sont également déclinables avec de l'okara d'amande ou encore de noix de cajou.

COOKIES À L'OKARA amande

Préparation 00:15 • Cuisson 00:10
Pour 8 cookies

100 g d'okara amande (voir p. 172) • 100 g de farine 60 g de sucre • 1/2 sachet de poudre à lever • 4 cl d'huile de tournesol • 50 g de pépites de chocolat

Préchauffez le four à 180 °C. Mélangez l'okara d'amande, la farine, le sucre et la poudre à lever. Ajoutez l'huile de tournesol et mélangez jusqu'à obtention d'une pâte homogène. Incorporez les pépites de chocolat.
Sur une plaque recouverte de papier sulfurisé, déposez des boules de pâte et aplatissez-les légèrement. Enfournez pour 10 minutes.

Ces cookies vegans sont délicieusement moelleux grâce à l'okara d'amande qu'ils contiennent et qui apporte en plus une délicate saveur.

GINGER ALE

Préparation 00:10 • Cuisson 00:15
Repos : 05:00 • Pour 1 l

125 g de sucre de canne • 1,2 l d'eau • 120 g de pulpe de jus de gingembre • 2 cl de jus de citron vert non traité + 1 bande de zeste • 4 clous de girofle • 3 baies de genièvre

Versez le sucre et l'eau dans une casserole et portez à ébullition en fouettant pour dissoudre le sucre. Ajoutez la pulpe de jus de gingembre, le jus et le zeste de citron vert et les épices. Couvrez et laissez mijoter pendant 10 minutes. Coupez le feu et laissez infuser pendant 2 heures. Filtrez la préparation, transvasez-la dans une bouteille et réservez au réfrigérateur pendant 3 heures au moins. Conservez pendant 2 semaines au frais.

La saveur corsée du ginger ale est idéale pour préparer des mocktails.

INDEX PAR INGRÉDIENTS

TABLE DES ÉQUIVALENCES FRANCE-CANADA

Poids

55 g	2 onces	200 g	7 onces	500 g	17 onces
100 g	3 onces	250 g	9 onces	750 g	26 onces
150 g	5 onces	300 g	10 onces	1 kg	35 onces

Ces équivalences permettent de calculer le poids à quelques grammes près (en réalité, 1 once = 28 g).

Capacités

25 cl	1 tasse	75 cl	3 tasses
50 cl	2 tasses	1 l	4 tasses

Pour faciliter la mesure des capacités, une tasse équivaut ici à 25 cl (en réalité, 1 tasse = 8 onces = 23 cl).

Julie Soucail remercie Kenwood® pour le prêt de son extracteur de jus JMP 800 SI. www.kenwoodworld.com
Caroline Pessin adresse un grand merci à Ariane Mendzylewski pour le prêt de son extracteur de jus.

Crédits des recettes, © Larousse :
© Clémence Roquefort : 8 (a, b, d), 10 (a), 11, 13 (a, b, c), 16, 18 (b, d), 20 (b, c), 22 (b), 23, 24, 27 (c, d), 28, 29, 30 (b, d), 33 (c), 38 (c), 41 (c), 42 (b), 45 (b, c), 46 (b), 47 (b), 50 (c, d), 52 (b), 53, 55, 56, 58, 59, 62 (b, c), 65 (c, d), 66, 69 (a, c, d), 70, 71, 73 (a, b, c), 74 (c), 80 (a, d), 83 (c), 84 (c), 88 (c), 93 (a, c), 94 (a, b, d), 97 (a, b), 98, 103, 104 (b, c), 107, 108 (a, c), 111 (c, d), 112 (a, c), 115 (c), 121, 123 (c), 124 (c), 127 (c), 128 (d), 134 (b, c), 137 (c, d), 138 (a, c, d), 141 (a, c, d), 142 (b, c), 146 (a, b, c), 149 (a, b, c), 150 (c), 153 (b, c), 154 (b), 160 (b), 161 (b), 162 (d), 164, 165 (b), 166 (d), 170 (b), 172 (b), 183, 187, 188 (c), 194, 198 (n), 199 (a) ; **© Martina Krcmar :** 8 (c), 13 (d), 22 (a), 30 (a), 50 (b), 52 (a), 62 (a, d), 65 (b), 69 (b), 73 (d), 77 (a), 80 (b, c), 84 (a), 87 (b), 88 (a, b), 93 (b), 94 (c), 104 (a), 108 (b), 115 (a), 123 (a, b), 127 (b), 131 (b), 137 (a, b), 142 (a), 146 (d), 150 (a), 153 (d), 157 (a), 166 (c), 170 (c, d), 173 (a) ; **© Ellen Frémont :** 10 (b), 17 (b), 30 (c), 36 (b), 37 (b), 43, 74 (d), 76 (b), 77 (b), 84 (b), 87 (c), 97 (c), 104 (d), 115 (d), 116 (d), 120 (b), 131 (c), 157 (b, c), 161 (a), 169 (c), 173 (b) ; **© Julie Soucail :** 17 (a), 18 (a, c), 20 (a), 27 (a, b), 33 (a, b), 36 (a), 37 (a), 38 (a, b), 41 (a, b, d), 42 (a), 45 (a, d), 46 (a), 47 (a), 50 (a), 65 (a), 74 (b, c), 76 (a), 83 (a, b), 87 (a, d), 111 (a, b), 112 (b), 115 (b), 116 (a, b, c), 120 (a), 123 (d), 124 (a, b), 127 (a, d), 128 (a, b, c), 131 (a, d), 134 (a), 138 (b), 141 (b), 149 (d), 150 (b), 153 (a), 154 (a, c, d), 160 (a), 162 (a, b, c), 165 (a), 166 (a, b), 169 (a, b, d), 170 (a), 172 (a), 176, 177, 178, 179, 180, 181 (b), 182, 185, 186, 188 (a, b), 195, 196, 197, 198 (a), 199 (b).

Crédits des photographies, © Larousse :
© Charly Deslandes (Caroline Pessin) : 9, 12, 16, 19, 22, 23, 25, 26, 29, 31, 32, 39, 40, 42, 44, 57, 64, 68, 71, 81, 89, 136, 139, 140, 143, 147, 148, 152, 155, 163, 164, 167, 171, 176, 177, 178, 179, 180, 184, 196, 197 ; **© Ellen Frémont :** 10, 17, 36, 37, 43, 75, 76, 77, 86, 96, 105, 117, 120, 130, 156, 168, 173 ; **© Amandine Honegger (Sylvie Rost) :** 11, 21, 28, 51, 52, 53, 54, 58, 63, 67, 70, 72, 82, 85, 92, 95, 99, 102, 106, 109, 110, 113, 114, 121, 122, 125, 126, 129, 135, 151, 160, 161, 165, 172, 181, 183, 187, 189, 194.

Direction de la publication : Isabelle Jeuge-Maynart et Ghislaine Stora
Direction éditoriale : Émilie Franc
Édition : Marion Dellapina assistée d'Alice Delbarre
Conception graphique et couverture : Maeva Lebegue
Mise en pages : Lucile Jouret
Relecture sur épreuves : Audrey Peuportier
Fabrication : Donia Faiz

ISBN : 978-2-03-594817-5
Photogravure : IGS-CP, 16 L'Isle d'Espagnac
Imprimé en Espagne par Grafica Cayfosa
Dépôt légal : août 2017
320305/01 - 11036361 - octobre 2017

PAPIER À BASE DE FIBRES CERTIFIÉES

LAROUSSE s'engage pour l'environnement en réduisant l'empreinte carbone de ses livres. Celle de cet exemplaire est de :
2,4 kg éq. CO_2
Rendez-vous sur www.larousse-durable.fr